La Croix-Rousse

au fil du temps

texte :

Robert Luc

2ème édition revue, corrigée et augmentée

Editions du Mot Passant

L'éditeur remercie :

Monsieur **Jean-Paul Valla**
pour avoir mis à la disposition
de l'auteur sa collection privée
de cartes postales anciennes.

Monsieur **Laurent Amieux**
du Progrès pour son aide
auprès de l'auteur lors de
la recherche des photos d'archives.

83 rue Magenta 69100 Villeurbanne.
Tél-Fax : 04 37 43 02 69

site web : **www.motpassant.fr**
e-mail : info@motpassant.fr

ISBN : 978 2912 506 481

Préface,

La Croix-Rousse fait partie des rares territoires qui ont su conserver leur âme. L'esprit des lieux croix-roussien continue de se manifester au fil des transformations du bâti, des espaces publics, de la population et des modes de vie.

Cet esprit des lieux traduit une alchimie à la fois fine et puissante entre notre cadre de vie et un lien social très fort.

C'est là que les ouvriers tisseurs en soie ont rodé les principes républicains, au XIXème siècle, dans les immeubles canuts sobres et industrieux, dans nos rues étroites, sur nos grandes places, sur notre plateau avec ses balmes et ses perspectives lointaines.

Robert Luc, mieux que quiconque, sait rendre l'originalité et la profondeur historique de l'esprit des lieux croix-roussien, que je vous invite à découvrir ou redécouvrir dans ce livre. C'est avec un regard renouvelé que vous vous bambanerez dans notre chère Croix-Rousse.

Dominique Bolliet
Maire du 4ème arrondissement de Lyon

REPUBLIQUE FRANÇAISE
20c
POSTES
90. LYON — Pont Saint Clair et la Croix-Rousse - E R.

Histoire Chronologique de la Croix-Rousse

Ère primaire : les glaciers des Alpes et du Jura déposent sur les pentes de la Croix-Rousse le Gros Caillou.

19 avant J.-C. : Création par Agrippa des routes dont la voie du Rhin pour relier Lyon à Bâle en passant par la montée des Carmélites et le plateau. À Serin travaillent des artisans potiers, bronziers et verriers.

1312 : La Croix-Rousse appartient en partie aux seigneurs de Montluel et de Miribel ainsi qu'à l'abbaye d'Ainay. Elle est terre d'empire alors que Lyon se donne à la France. La garde est assurée par le comte de Savoie et le sire de Montluel.

1455 : La Croix-Rousse composée de quelques masures fait partie de Cuire. Elle est en franc-lyonnais.

1493 : Guillaume Duport érige à l'embranchement de la montée de la Boucle et de la rue de Margnolles une croix en pierre de Couzon.

1562 : Cette croix est mise à bas par les protestants. Érigée de nouveau, elle disparut à la Révolution pour être remise en place en décembre 1994, sous le mandat du maire Gaby Caillet. Ne pas confondre avec la croix dite du Ravelin de la Croix-Rousse construite à la fin du XVIème siècle sur la place de la Croix-Rousse. Elle disparut définitivement en 1881.

1571 : L'abbaye vend son prieuré de Cuire pour 4 000 livres à Pierre Faure avec interdiction de la revendre à un protestant.

1577 : Le domaine est revendu pour 4 700 livres à Nicolas de Lange.

1624 : Installation des Augustins Réformés sur le domaine délimité par la Grande-Rue, la rue Hénon et la rue de Cuire. Ceux-ci élèvent une église au vocable évoquant le nom de leur protecteur le Cardinal Denis.

1677 : La Croix-Rousse, aux portes de Lyon est un paradis fiscal. Marchands de vin, cabaretiers, artisans et ouvriers s'y installent. Le conseil d'État soumet le faubourg à une taxation. Humbert de Lange s'adresse à Louis XIV. Sur les conseils de Colbert, en 1680, il décide d'exempter de taxes les Croix-Roussiens dont les maisons sont construites depuis plus de trente ans à condition de ne pas vendre de vin.

1746 : Première école de filles, puis première école de garçons.

1769 : Démolition du bastion de Saint-Clair au bord du Rhône et construction de la route de Bourg. Cuire-La Croix-Rousse compte 749 familles.

14 février 1790 : Première assemblée municipale. Les habitants manifestent leur désir d'être indépendant par rapport à Cuire et procèdent à des élections sauvages. Cuire-La-Croix-Rousse compte 4 000 habitants.

5 juillet 1793 : La municipalité se range aux côtés de Lyon contre la Convention.

8 août-9 octobre 1793 : Siège de Lyon.

14 novembre 1793 : La commune est débaptisée. Elle se nomme : commune Chalier.

Mai 1795 : Elle reprend son nom.

16 mai 1797 : Le Conseil des Cinq Cents décrète que Cuire sera réuni à Caluire. La Croix-Rousse et Caluire formeront un canton. Un arbre de la Liberté est planté à Serin.

22 octobre 1802 : La commune de la Croix-Rousse est créée. Elle compte 4 500 habitants.

18 janvier 1814 : Première attaque sur la Croix-Rousse par des Autrichiens.

14 juillet 1815 : Entrée des troupes autrichiennes.

1797-1844 : Grande vague de lotissements et de constructions. Arrivée des Canuts. Le plateau de la Croix-Rousse passe de 1824 à 1833 de 2 185 métiers à 6 627. Ce qui deviendra le 4ème arrondissement comptait en 1800, 4 500 habitants. 5 500 en 1822, 6 600 en 1833, 16 500 en 1836, 28 000 en 1851, 33 000 en 1856.

29 août 1821 : La Croix-Rousse est promue ville.

1831-1834 : Révoltes des Canuts.

1848-1849 : Révolte des Voraces.

24 mars 1852 : Décret impérial rattachant la Croix-Rousse à Lyon.

1856-1861 : Construction de l'hôpital de la Croix-Rousse.

3 juin 1862 : Inauguration du funiculaire de la rue Terme. La ficelle à deux sous.

30 juillet 1863 : Inauguration de la voie ferrée Croix-Rousse-Sathonay.

1865-1865 : Démolition des remparts et réalisation du boulevard de la Croix-Rousse.

1867-1869 : Construction de la mairie du 4ème.

12 avril 1891 : Inauguration du funiculaire Croix-Paquet, la ficelle à un sou. Mise en place du Gros Caillou découvert pendant les travaux.

1896 : Un tram relie Caluire à la Croix-Rousse.

29 septembre 1901 : Ré-inauguration de la statue de Jacquard place de la Croix-Rousse.

1914 : Le passage à niveau du boulevard est supprimé, la gare de voyageurs s'installe place des Tapis, la gare de marchandises, rue Hénon.

1921-1922 : Aménagement du secteur ouest du plateau, cité-jardin, rue Pernon.

20 avril 1952 : Inauguration du tunnel sous la Croix-Rousse.

1956-1959 : Construction des immeubles de la rue Louis Thévenet.

1957 : Démolition de la gare de voyageurs.

1962-1967 : Construction des immeubles de la rue de Chazière.

1963 : Construction du lycée Saint-Exupéry.

1972-1974 : Construction des immeubles à la place de la Tour de la Belle Allemande.

1974 : Ouverture du métro Croix-Paquet-Croix-Rousse.

1975 : Construction des immeubles OPAC rue Pernon.

1978 : Ouverture de la ligne C du métro Hôtel de Ville-Croix-Rousse.

1984 : Réalisation du boulevard des Canuts et prolongement de la ligne C jusqu'à Caluire.

1986 : Naissance de la République des Canuts.

1988 : Commencement de la ZAC boulevard des Canuts/rue Hénon.

14 décembre 1991 : Inauguration de la salle de la Ficelle.

Décembre 1994 : Erection de la croix de couleur rousse, près de la place J. Ambre.

18 mars 2001 : Après 18 ans d'exercice de la fonction de maire de la Croix-Rousse, Gaby Caillet est battu par le socialiste Dominique Bolliet.

24 Mars 2002 : 150ème anniversaire du rattachement de la Croix-Rousse à Lyon.

2002 : Le club de l'Amitié dont les normes de sécurité sont obsolètes doit fermer.

2004 : Le bâtiment du club de l'Amitié est démoli. Un nouveau projet immobilier est soumis aux habitant et à l'association Club de l'Amitié

Février 2004 : La Maison des Canuts est en liquidation judiciaire. Mobilisation des habitants de la Croix-Rousse et des défenseurs du patrimoine. Des manifestations et pétitions sont organisées. La Ville prend la décision de faire classer les matériels, de faire acheter par la SACVL les murs et de lancer un appel d'offre pour la gestion de la Maison des Canuts.

15 septembre 2004 : Réouverture de la Maison des Canuts gérée par Virginie Satre et Philibert Varenne. Un cahier des charges fixe les obligations des gestionnaires. Une nouvelle politique dynamique est mis en place favorisant les visites démonstrations et les visites sur les pas des Canuts.

2005 : Première station de Vélo'V à la Croix-Rousse.

2006 : L'Amicale Laïque de la Croix-Rousse fête pendant toute l'année son centenaire.

7 octobre 2006 : Manifestation de Vogue la Galère organisée par le Ministère des Rapports Humains

2007 : L'association des commerçants et artisans, le CRAC change de nom et devient Lyon Côté Croix-Rousse.

18 juin 2007 : Le Gros Caillou est déplacé d'une trentaine de mètres, côté 1er arrondissement. Il était en place depuis 1891.

6 Juillet 2007 : Sorti du premier plan commenté de la Croix-Rousse réalisé par la nouvelle association Tourisme Croix-Rousse.

2008 : Inauguration du parking du Gros Caillou.

7, 8 et 9 mars 2008 : La compagnie du Chien Jaune donne la parole aux Canuts à partir des textes de l'Echo de la Fabrique en présentant dans la rue la pièce L'Eloge des Canuts.

16 mars 2008 : Le maire de la Croix-Rousse Dominique Bolliet est réélu.

Juin 2008 : Lancement du projet de la Villa Chazière.

24 septembre 2008 : Inauguration de l'Esplanade du Gros Caillou

22 et 23 novembre 2008 : Première commémoration de la révolte des Canuts des 21, 22 et 23 novembre 1831. Débats, conférences et théâtre autour de l'Echo de la Fabrique et des journaux et publications syndicales.

Printemps 2009 : Inauguration de la Maison de l'Amitié, ancien Club de l'Amitié.

La Croix-Rousse au fil du temps

Elle s'était déchaussée de ses lunettes, avait soufflé sur les verres pour les rendre embués et les avait frottés avec le pan de son corsage, dévoilant du même coup quelques centimètres carrés de sa peau blanche.

— Pas le choix coco ! Faut faire bouillir la marmite ! Tu prends les cartes postales du gone Valla, tu traboules jusque dans les archives du Progrès, tu fais peter la miaille au Laurent Amieux, tu reviens avec un cuchon de nostalgies nostalgiques et photographiques, tu te bambanes dans les rues et tu me tisses avec du fil à toi un coupon d'histoire qui ne coûte pas trop de pécuniaux ! Va et œuvre !

Elle avait remis ses bésicles sur son nez et sans un regard pour ma frêle silhouette, s'était plongée dans les pages du manuscrit érotique d'un poète à la mèche romantique. « Elle », c'est mon éditrice. Je dis au revoir sans attendre la réponse et fis ce qu'elle ne m'avait pas offert à discuter.

Le ciel était bleu, j'étais enrhumé et au pied de la colline. Quelle idée ! Se lantibardaner dans la Croix-Rousse n'était pas un problème. Depuis le temps que j'avais successivement usé galoches et escarpins sur le plateau de ce que je considérais comme encore, une commune, je pouvais m'en sortir. Mais me transformer en historien, énumérer des dates, passer en revue et dans l'ordre les événements, me paraissait au-dessus de mes forces. D'abord j'étais enrhumé, ensuite je me voyais mal revêtir le costume qui sied à toute personne sérieuse convaincue de l'importance de son œuvre. Je me mouchai dans mon tire-jus bien plié et regardai le ciel en attendant une réponse. Pas de réponse. Je n'en fus pas étonné, je n'avais pas posé de question. Je la formulai : Comment évoquer la Croix-Rousse ? J'attendis.

© Lesage

© Archives du Progrès

Un peloton de martinets traça un signe bruyant dans le bleu. Ce n'était pas à proprement parlé une réponse céleste.

Alors que découragé, je m'apprêtais à boire une bière sans alcool hors de prix, j'entendis :

— Psittt !

Je regardai autour de moi. Sur un banc était assis un homme pas très grand, un arrondissement de l'embuni (c'est le ventre. Je dis cela pour ceux qui n'auraient pas encore acheté le cuchon de livres qui explique tout sur le parler lyonnais.) confortable, une chevelure d'un blanc immaculé, et un regard qui devait être remboursé par la Sécu.

— Oui, je répondis les yeux comme des gobilles. Car en effet, j'avais reconnu ce gone. Comment oublier le Bernard Frangin. Seulement, gone lecteur qui parcourt ces lignes, confortablement installé dans son bardanier en attendant que sa fenotte en nuisette ajourée vienne le rejoindre, faut que je précise une chose : l'ami Bernard, il est censément défunté depuis l'année dernière ! Alors, hein ?

— Assieds-toi !

J'obtempérai.

— Ça va ? me demanda-t-il comme s'il venait de me quitter depuis la veille.

— Oui, réussis-je à articuler entre mes quelques dents rescapées de la peur du dentiste.

— J'ai pas beaucoup de temps. Le big gone de là-haut m'a accordé cinq minutes pour te venir en aide. Ouvre tes esgourdes et barjafle pas.

J'obtempérai de nouveau, d'autant que je trouvais ce mot agréable à prononcer.

— Laisse-toi aller, gone. Tu ne vas pas nous gonfler et gonfler les vitrines déjà encombrées, avec un bouquin qui nous prendrait la tête et le reste. Tu te bambanes, le nez au vent, tu jettes de temps en temps un coup d'œil sur tes photographies et je fais ce qu'il faut. Crois-moi, tu vas en rencontrer des gens. Et le voyage dans le temps, les allers et retours, les correspondances, c'est pour moi ! J'ai pas épuisé mes droits d'auteurs. Et là-haut, y a pas le Réveil-Matin, ni les autres bouchons lyonnais. On fait des économies de pécuniaux. Va mon gone !

Il disparut. Bien sûr le lecteur dans son bardanier, le même mais qui maintenant à sa fenotte débarrassée de sa nuisette auprès de lui, se gratte sous les aisselles en disant :

— Chérie, le bouquin que tu m'as acheté pour la Noël, c'est n'importe quoi !

Libre à lui de ne pas me croire et continuer à espérer gagner au Loto, à imaginer que la paix est pour bientôt, que la misère se résorbe et que la démocratie progresse. C'est son droit. Les autres, notamment la fenotte lectrice, installée confortablement dans son bardanier en attendant que vienne la rejoindre son gone en pyjama à rayures blanches et bleues, ont compris que c'était vrai de vrai.

© collection privée

Je comptai sur mes doigts. S'offraient à moi plusieurs possibilités pour accéder au plateau Croix-Roussien. Je fus tenté d'emprunter la **rue Terme** mais j'hésitai. J'avais du mal à reconnaître les lieux. Je me trouvais à l'angle de la **rue des Capucins**, tout près du café-comptoir du père Roux où une carriole stationnait et devant moi luisaient les rails du tramway. J'avisai un cycliste qui roulait de gauche à droite

© J.P.V

pour éviter les pièges de métal. Je l'appelai pour lui demander ma route.

— M'sieur ! Msieur !

Un canotier surmontant une paire de moustaches finement taillées, se retourna, mais pas le bon et de toute manière, le canotier du trottoir ne tarderait pas à suivre du regard la fenotte blonde. Les mains dans les poches je remontai la **rue Terme** et arrivai devant la ***gare de la ficelle*** juste pour voir le truck disparaître. Je poursuivais mon ascension en pestant contre mon éditrice et en me promettant de lui suggérer de me faire bosser sur des quartiers plats, comme des matefaims. Essoufflé, j'arrivai devant un mur tapissé d'affiches ventant l'établissement « Aux 111 000 cravates ». Un cycliste me frôla. Décidément les deux roues étaient de vraies petites reines. Je décidai d'obliquer et de prendre la **montée de la Grande Côte**.

© collection privée

© collection privée

Les pédaliers pédalants seront certainement moins nombreux. Mes prévisions s'avérèrent exactes, la chaussée appartenait aux gones et aux chats, venus jeter un coup d'œil de greffier sur le contenu des équevilles. Arrivé au sommet je me retournai pour admirer la ville, ses toits, et le ciel par-dessus qu'aucun râteau de télé ne griffait.

Après avoir salué comme il convenait le cuchon de mamis et félicité l'épicier pour la qualité de ses clergeons, je parcourus en zigzaguant entre les pierres plantées de la rue du même nom, la distance qui me séparait du **boulevard de la Croix-Rousse**. J'y fus accueilli par un sifflement intempestif et un charabara de tous les diables. Une locomotive vociférante, postillonnant un nuage blanc traversa la chaussée.

— Attention ! me cria l'employé.

— C'est vrai jeune homme, faites attention ! ajouta la Croix-Roussienne qui me sembla sortir du magasin de chapellerie tant son chapeau me parut neuf.

Je reculai pour laisser passer la locomotive qui revenait chargée de gones aux joues rouges d'avoir passé une journée dans les Dombes. Puis je jetai un coup d'œil à l'horloge du temps, là-bas à gauche, au pied du réverbère. 15 avril 1908.

© collection privée

C'était jour de marché. Voilà qui allait ravir mon éditrice. Le ***marché de la Croix-Rousse***, sa convivialité, sa réputation, ses produits frais, l'ombre de ses platanes et le patrigot de ses marchands. Éternel marché ! Pas de doute, les maraîchères et maraîchers étaient venus de bonne heure et avaient sur le bord du trottoir posé leurs charrettes à bras.

À mesure que je m'approchais de la Brasserie Dupuis célèbre pour ses concerts, les chalands étaient de plus en plus nombreux, et le boulevard plus bruyant. L'accent lyonnais était présent, fort et au grand jour. Il n'avait pas encore été aseptisé par l'école, les voyages, la radio, la télé et peut-être, par un soupçon de honte. Elle se revendiquait la mélodie du « Yonnais », les « a » se cognant aux « o » puis s'imitant et le « eu » se coiffant d'un accent circonflexe qui rendait perplexe les « jeûnes ».

Je ne reconnus personne ou plutôt si. À la réflexion, il y avait des attitudes et quelques traits qui me ramenaient irrémédiablement à mon époque. Un petit quelque chose dans les sourires, l'humour, la façon d'aborder la clientèle. Entre le début du XXème siècle et celui du XXIème peu de changement. Si ce n'est et le coup d'œil que je jetai sur ma montre à gousset me le confirma, le marché à cette époque commençait beaucoup plus tôt.

© E.M.P

Sur les étals, des clergeons d'un vert prêt à craquer sous la dent, les poreaux ligotés, des patates au regard noir inquiètes d'être transformées en pommes de terre rondes chargées de mettre en valeur le saucisson à cuire, les doigts-de-mort qui laissent des traces indélébiles, les carottes rouges de confusion, des aigrats, ces raisins refusant de mûrir comme les autres, les groins d'âne bougons, quelques bartavelles alignées, des cacous par groupe de douze, maculés naturellement, les petits bouquets de cermille, une chiaillée de chevretons. Faut pas oublier les salades de clapotons et les paquets de couennes, la couette de cayon, les sacs de flageoles, les gorgeons pêchés la veille, les pois gourmands, les melachons se mesurant avec les melettes, la pourette et le paisseau, les riantes pelosses et une armée de poulaille, les bottes de petites raves et les rosettes suspendues, les tunards aux yeux langoureux et j'en passe, peut-être pas meilleurs.

© E.M.P

— Alors, on visite ?

La femme qui s'adressa à moi avait une ressemblance vague avec une fenotte perdue de vue dans mon futur.

— En quelque sorte. On se connaît ?

— J'm'appelle Marie-Thé.

— Enchanté, fis-je. J'ai connu une Marie-Thé.

— Je sais. Les souvenirs du futur sont vivaces dans un passé simple mais combien imparfait. À présent, suis-moi !

Elle ordonna, j'obéis.

— On va où ?

Ma voix fut couverte par le ferraillement de deux tramways qui se croisèrent rageurs. L'un deux n'hésitait pas à proclamer son amour immodéré pour un apéritif, l'autre préférait un digestif.

— Ce sont des torpilleurs, hurla ma guide sans préciser si elle évoquait les marques d'alcool ou les trams.

© collection privée

Le silence retomba. Quelques pas et nous nous retrouvâmes devant la gare de la ficelle Croix-Paquet. Un flot incessant de fenottes et de gones. Ceux qui débarquaient sur le plateau et ceux qui descendaient en ville, à Lyon.

— Dites-donc Marie-Thé, ils ne sont pas très prudents les Croix-Roussiens, fis-je en regardant le papa qui conduisait une poussette en coupant le carrefour de la **rue de la Crèche**, aujourd'hui **rue Aimé Boussange**.

— Hi ! hi ! hi ! pouffa la beline. Vous savez, à part les trams, les piétons ne risquent pas grand-chose. On n'en est pas encore à votre époque, jeune homme. Faut être riche pour motoriser ses déplacements. J'ai entendu dire que vous alliez creuser sous le Gros Caillou, pour y loger vos véhicules et bien nom d'un rat, vous les aimez !

Je ne répondis pas, trop occupé à goûter le plaisir de marcher au milieu du **boulevard de la Croix-Rousse**. Au loin se dessinait la silhouette du ***Gros Caillou***. Il pouvait à loisir étendre ses pieds, aucun pare-chocs ne lui heurtait les agaçins, aucun pot d'échappement ne rotait à son nez des relents de rentrées de week-end autoroutier. La Marie-Thé posa tendrement sa main sur le bloc erratique.

— Tenez, vous pouvez l'interroger. Il est têtu mais il aime barjafler. Il a tellement vu de monde depuis le jour où un gone l'a déterré en perçant le tunnel de la ficelle !

— Pour sûr ! gronda le bloc. Depuis le 12 avril 1891 que j'suis au bout de mon boulevard ! Pas de la gnognote ça !

La MarieThé lui fit peter la miaille, à savoir pour ceux qui viennent de poser leurs filochons dans l'allée de leur loft : embrasser sur les deux joues. Je me contentai de le saluer en inclinant la tête.

— Ce n'est pas trop pénible cette agitation, toutes ces visites ? lui demandai-je tout en me demandant si je n'étais pas tombé très bas pour m'adresser à un résidu de glacier qui affichait un visage de pierre.

— Allons donc ! D'abord pour m'amener de mon lieu d'hibernation jusque-là, une fois que les remparts ont été détruits, il a fallu je ne sais combien d'attelages de bœufs et ma modestie proverbiale a été soumise à rude épreuve. Fallait voir les élus, les militaires, me cajoler, me dorloter. Et après, ça n'a pas arrêté. Les poètes mirent leur coqueluchon en activité, convoquèrent leur muse et l'on me chanta partout. En vérité et pour être honnête, j'ai une vie plutôt agréable.

— Ouais… j'ai lu qu'une ou deux fois, on vous avait peint !

— En effet. Une fois en rouge et plus récemment, en bleu ! Mais franchement, je préfère cela aux grands gognands, ces niguedandouilles qui viennent barbouiller mon embuni sans aucun talent. Je ne suis pas une vespasienne, nom d'un rat !

Le gros caillou nous montra un gribouillon en plein sur sa face nord. Je tirai de ma poche mon tire-jus à peu près propre, crachai dessus et frottai la marque noire du graffiti.

— Merci… fit le vénérable gadin.

Puis, nous montrant une famille qui se dirigeait vers nous au rythme de sa bambane, il dit :

— Voyez, ce que j'aime, c'est cela.

Les trois enfants étaient habillés en dimanche. Tout propre sur eux. Le gone avait sur la tête son chapeau posé bien d'équerre. Sa fenotte, élégante comme si elle devait descendre en ville, du côté de la place Bellecour, tenait son sac. Un photographe, surgit de nulle part mais arborant un superbe nœud papillon, installa son appareil à trépied, prépara les plaques en verre. La famille se figea pour l'éternité en attendant que le petit oiseau daigne sortir. Derrière, le Gros Caillou paraissait ravi. À peine la photographie prise qu'une autre famille traboula jusqu'au bout du boulevard, puis encore d'autres. Ce coin de la Croix-Rousse était recherché semblait-il.

Un militaire venu du fort Saint-Laurent tout proche, se fit tirer le portrait, de profil. Au-dessus de son képi, curieusement, deux inscriptions : Boulangerie et Maison d'Accouchement. L'obturateur de l'appareil photographique ne se fit pas prier et fixa pour longtemps deux éléments indispensables à la vie.

Tout à coup un cuchon de joyeux compères entreprit d'escalader le majestueux caillou.

— Il va se fâcher, dis-je en me tournant vers la Marie-Thé du XIXème siècle.

— Par sainte Marie Alacoque, ça m'étonnerait. Ce qu'il déteste à mon avis, c'est l'indifférence.

Elle lui sourit. L'autre était fier comme Artaban, montrant sa force tranquille.

— Même la vogue qui chaque année lui bouche la vue, il ne s'en plaint pas. Par contre, venir habiter dans le coin sans se soucier de sa santé, poser sa carriole comme les cabots posent leurs crottes, à ras ses agaçins, ça lui donne des démangeaisons.

© collection privée

Nous laissâmes le symbole à ses admirateurs non sans avoir salué une vieille dame occupée à des travaux d'aiguilles.

—C'est pour vos petits enfants ?

Elle ne dédaigna pas lever ses quinquets.

—C'est pour lui, murmura la fenotte.

—Le Gros Caillou ?

—Ben oui... Le réchauffement climatique, ça ne veut pas dire que les hivers ne sont pas rudes. Et puis comme il va décaniller d'ici, faut pas qu'il prenne un rhume de cerveau.

— Y va décabaner ?

— Vous débarquez mon gone. Faut lire le Progrès. Vous ne savez pas qu'ils vont entreprendre de grands travaux ? Qu'ils vont faire un grand trou où ils vont y mettre tout un cuchon de charrettes ? Qu'ils vont tout recouvrir pour qu'on ne les voit pas et même qu'ils vont y planter des balais, de la baume, des blettes, des doigts de la mort, de la doucette et des groins d'âne et même des ognons, de la pourette et de la traînasse ? Qu'ils vont bouliguer la pente pour que les mamis dans les poussettes et les gones dans les fauteuils à roulettes y puissent admirer le Mont Blanc, la centrale nucléaire du Bugey et le crayon de la Part-Dieu ? Hein ? Vous y savez pas ? Z'êtes ben un grand gognand ! Alors sensément, notre Gros Caillou va falloir le décaniller d'ici. Hé ben, ça va en faire un de ces charabaras ! Les gones du 4ème arrondissement y vont crier au voleur ! On

© Archives du Progrès

© Robert Luc

nous quinenape notre symbole ! Et ceux des pentes, y vont ricaner : Mais niguedandouilles que vous êtes, votre Gros Caillou, c'est chez nous, dans le premier qu'il était entouré comme un défunté ! Z'allez voir.

— Par sainte Marie Alacoque quelle affaire ! J'espère chenuse fenotte qu'ils vont bien penser à y mettre son trône dessous son darnier, parce qu'autrement on aura l'impression qu'il est tout abousé, le nez quasiment dans le terreau.

— Oh ça mon belin… mon cortiaud, mon auriculaire comme ils disent aujourd'hui, me susurre à mon oreille finement ourlée que ce n'est pas sûr du tout.

*

* *

© Robert Luc

Le bonnet du Gros Caillou réalisé par l'association Tricot canuts. 370 heures de travail 13 kg 8 m de circonférence. Le pompom est composé de 800 petits pompon.s

© Robert Luc

Ère primaire : les glaciers des Alpes et du Jura déposent sur les pentes de la Croix-Rousse le Gros Caillou.

12 avril 1891 : Mise en place du Gros Caillou découvert pendant les travaux.

18 juin 2007 : Le Gros Caillou est déplacé d'une trentaine de mètres, côté 1er arrondissement.

24 septembre 2008 : Inauguration de l'Esplanade du Gros Caillou.

Le nom de Croix-Rousse est attesté dès 1515. Une croix de calcaire jaune issu des carrières de Couzon était érigée entre la rue Coste et la Grande Rue de la Croix-Rousse.

Le canut dans les années 1830

Alors que Lyon avait le privilège du tissage des fils d'or, d'argent et de soie depuis le XVIème siècle, les tisseurs sur soie, les Canuts ne viendront véritablement sur le haut des pentes de la Croix-Rousse et sur la partie est du plateau qu'à partir des années 1820 – 1825. Auparavant ils tissaient dans le Vieux Lyon, les quartiers Saint Paul, Saint Jean, Saint Georges. Ce qui va les obliger à déménager, à venir sur la colline de la Croix-Rousse, c'est la mécanique Jacquard. Cette mécanique se place au-dessus des métiers, il faut donc une hauteur de plafond de plus de 4 mètres. Les ateliers du Vieux Lyon ont des hauteurs de plafonds normales. Il faut donc trouver un lieu pour pouvoir construire rapidement des immeubles capable d'accueillir le métier plus la mécanique Jacquard. Si la partie ouest du plateau est le domaine religieux, la partie orientale est celui des maraîchers, des vignerons, des bourgeois qui possèdent là des maisons de campagne, les gloriettes. La Croix-Rousse, aujourd'hui le 4ème arrondissement, a 4 000 habitants en 1800, elle en aura plus de 30 000 en 1852, au moment de son rattachement à la ville de Lyon. Les immeubles ateliers des canuts sont très visibles sur le secteur oriental du plateau et sur les pentes de la Croix-Rousse. Ils sont caractérisés par des fenêtres hautes sans volet, aucun ornement autour des ouvertures et aucun balcon sur la façade. Une architecture proche de celle des usines. Ces hautes fenêtres vont permettre à la lumière de pénétrer le plus longtemps possible dans l'atelier et les rues, percées au moment de la construction, plus larges que dans le quartier Renaissance du Vieux Lyon, offriront aux canuts la possibilité de travailler dès le 1er étage. Seulement, les canuts ne tissent que quelques centimètres par jour et si les rayons du soleil frappent directement les fils de soie qui sont teints, les couleurs vont passer. Ils seront obligés de mettre sur les châssis des fenêtres un papier huilé coloré, légèrement opaque afin que la lumière soit diffusée mais que les rayons ne frappent pas directement les fils.

À l'intérieur un atelier assez vaste, autour de 100 m². Le chef d'atelier, maître tisseur, qui tisse comme les autres, c'est un canut, mais qui est locataire de l'atelier-logement et propriétaire des métiers à tisser. Il peut en voir un seul, certains, mais c'est assez rare en ont une dizaine, la plupart en ont 3 ou 4. Quand il y a du travail, afin de rentabiliser les métiers qu'il a achetés, il va embaucher des compagnons, des ouvriers en soie. Or quand il y a du travail, les journées sont de 14, 16, voir 18 h par jour. Les compagnons et les apprentis ne retournent pas le soir chez eux et ne reviennent pas le matin à l'atelier. Il va donc, dans un coin de l'atelier mettre un plancher à mi-hauteur, un escalier pour y accéder et vont dormir là, compagnon, apprentis et enfants du couple. Celui-ci se réservant une alcôve pour leur intimité. Il va appeler cela une suspente ou une soupente. Aujourd'hui, c'est une mezzanine.

332. LYON. — Un Canut à son métier.

À une époque où c'est assez rare pour des travailleurs manuels, le canut sait lire, écrire, compter. Il a même une grande culture puisque les chefs d'atelier possèdent le grec et le latin. Ils vont d'ailleurs créer en octobre 1831 le premier journal ouvrier, un hebdomadaire, qui paraîtra d'octobre 1831 à mai 1834. Aujourd'hui l'ensemble des numéros de l'Echo est sur Internet (http://echo-fabrique.ens-lsh.fr). En les consultant on peut s'apercevoir qu'ils vont aborder tous les grands thèmes de la vie ouvrière et citoyenne. Articles sur la condition des femmes, sur le droit d'association, la liberté de la presse, l'Europe, la santé etc… Les Saint-Simoniens et les fouriéristes pourront écrire dans les colonnes du journal. Cette culture s'explique. Ils ont apprentissage assez long, entre 7 et 8 ans, un apprentissage que l'on pourrait qualifier en alternance. Une partie dans les écoles tenues par les religieux et une partie auprès du maître tisseur, dans l'atelier, pour apprendre le savoir-faire du tissage.

La révolte des Canuts

© collection privée

Les maîtres tisseurs chefs d'atelier, les canuts, n'ont pas de lien de salariat avec les négociants, ceux qu'on appellera les soyeux à la fin du XIXème siècle. Ce sont les négociants qui fixent les tarifs et ils ne les augmentent pas tous les 8 jours. Alors qu'il y a eu une grave crise économique en juillet 1830, ce sont les 3 glorieuses, la chute de Charles X, l'arrivée de Louis-Philippe, on s'aperçoit que depuis janvier 1831, il y a une reprise économique. La preuve, certains ateliers font en octobre 18 heures par jour. Il y a des commandes, le travail ne manque pas mais on s'aperçoit que la plupart des tarifs n'ont pas bougé depuis l'époque de Napoléon, au plus tôt 1815, 1814 et même un certain nombre de tarifs ont baissé. Il y a une vraie grogne chez les canuts. Le préfet de l'époque, Bouvier Du Mollard a une oreille assez attentive sur les revendications des canuts. Cela le conduit à demander aux délégués des négociants et aux délégués des chefs d'atelier de se réunir à la Préfecture place des Jacobins pour élaborer de nouveaux tarifs augmentés. En effet le 25 octobre 1831 de nouveaux tarifs augmentés sont signés par les deux parties. Délégués négociants et délégués chefs d'atelier. Les canuts sont heureux mais lu côté des négociants, certains, minoritaire mais qui font travailler le plus de canuts vont dire attention : On tisse en Angleterre, en Allemagne, en Suisse, en Italie, bien sûr, en Espagne, si on augmente les tarifs nous allons perdre des parts de marché. Pas question d'augmenter les tarifs. En effet le 1er novembre, date butoir pour l'augmentation des tarifs, rien ne se passe, les tarifs demeurent identiques. Le 21 novembre les canuts, chefs d'atelier et compagnons vont arrêter le travail, plus un métier qui bat. Ils se rassemblent sur la place de la Croix-Rousse et entreprendre de descendre les pentes de la Croix-Rousse pour manifester sous les fenêtres des négociants. Ceux-ci vont prendre peur, s'adressent au pouvoir politique, l'Hôtel de Ville qui va envoyer pour les protéger la 1ère légion de la garde nationale. La garde nationale ce n'est pas une surprise. C'est une garde civile qui est toujours appelée en cas de trouble. Mais la première légion est composée d'habitants du quartier du Griffon, des Capucins. C'est-à-dire des fils de négociants, des négociants, ceux la même qui viennent de refuser les tarifs. Il y a dont une grande tension. En effet à l'angle de la rue de la Vieille Monnaie, la rue René Leynaud et la montée de la Grande Côte, il y a un premier face à face, les premiers coups de feu de la Garde nationale, les premiers morts canuts. Les tisseurs vont remonter dans les ateliers, ils vont s'armer et nous aurons trois jours d'émeute qui feront 600 victimes, blessés et tués. Les historiens s'accordant sur le chiffre de 150 morts, partagées de façon égale en membre de la garde nationale et canuts. Le soir du 23 novembre les canuts sont maîtres du terrain. Ils occupent les 3 faubourgs indépendants, la ville de Lyon, l'Hôtel de Ville. La Garde nationale et ce qu'il y avait d'armée se retire à Rillieux et attendent des renforts. Le problème qui va se poser, c'est que faire de ce pouvoir politique ? L'immense majorité des Canuts a manifesté pour l'application des tarifs signés. Pas pour une prise de pouvoir politique. Ce qui fait que fin novembre, début décembre les canuts auront regagné les ateliers, déposés les armes et les tarifs ne seront augmentés que bien plus tard. C'est une défaite en ce qui concerne la revendication. Ils n'obtiennent rien. Et pourtant ces 3 journées vont avoir un énorme retentissement. C'est parce qu'il y a des choses nouvelles, fondatrices qui perdurent encore aujourd'hui.

C'est la première fois au monde où des ouvriers porteurs d'une revendication triomphent par les armes et occupent l'ensemble d'une ville et ses pouvoirs. Cet événement va être regardé partout avec attention.

© collection privée

Dès le premier jour apparaît le drapeau noir, drapeau à cette époque du deuil et de la pauvreté, il ne deviendra symbole de l'anarchisme que plus tard, et sur ce drapeau une devise : Vivre en travaillant ou mourir en combattant. La première partie de cette devise exprime un concept nouveau. Il ne s'agit pas de réclamer davantage de travail, certains ateliers font à ce moment-là, 18 h par jour. C'est vivre dignement par le travail. Ils ne veulent pas d'aumône, ils veulent être payés justement pour le travail qu'ils fournissent. Cette revendication va faire école.

On n'assiste pas lors des trois jours de révolte à des bandes de canuts parcourant la ville et ses faubourgs en incendiant, pillant, tuant. Au contraire. Au fur et à mesure qu'ils repoussent par les armes la 1ère légion de la garde nationale, ils placent des sentinelles pour protéger les maisons de soierie et les banques. Ils disent : Certes cette industrie nous exploite, certes les négociants n'ont pas respecté leur parole, leur signature mais nous sommes nous aussi les acteurs de cette industrie. Nous n'avons aucun intérêt à briser l'industrie de la soie. Cette conception de la relation des travailleurs et de l'industrie pour laquelle ils travaillent va entrer dans la culture ouvrière.

Enfin, en 1831 subsiste un esprit négatif du compagnonnage. Il y a encore des rixes entre compagnons d'une même profession mais d'une obédience compagnonnique différente, rixes qui laissent des morts. Les canuts vont dire : Il faut cesser cela. Il faut regarder les autres professions, nous avons des problèmes communs. Il faut se réunir en faisceaux pour défendre notre dignité. Ils vont parler pour la première fois de solidarité prolétarienne.

C'est pourquoi l'on peut dater de ces trois journées et des semaines qui suivent les prémices, des débuts des organisations ouvrières notamment syndicales. Pour la première fois les ouvriers, au sens de ceux qui font l'ouvrage puisque le chef d'atelier est à la tête d'une petite entreprise, s'invitent dans le champ politique. Il faudra en tenir compte quelque soir le régime politique mis en place.

Quelques adresses de tisseurs dans les années 1830

Armand aîné, chef d'atelier, rue de la Visitation (rue de Nuits) n°3
Bonnard, plieur, rue Henri IV (rue d'Ivry) n° 3,
Brun, place de la Croix-Rousse, n° 17, au 4e.
Brunet, chef d'atelier, cours d'Herbouville, ci-devant salle Gayet, à St-Clair.
Buffard, plieur en tous genres : plie les poils de peluche au fil, Grande Place de la Croix-Rousse, n° 23, au 2e étage.
Chaboux, rue du Chapeau-Rouge (rue de Belfort), n° 4, à la Croix-Rousse.

Charpenet, rue de Cuire, n. 35.
Charvet, rue des Fossés (rue d'Austerlitz), n° 7, au 3ème.
Collomb, rue Dumenge, n° 1, au 3e.
Depierre, portier à la Croix-Rousse, repos de la Boucle, maison Pairrot
Derobert, chef d'atelier, place de la Visitation (place Bertone). Maison Peyrin
Mme Dufour, Grande-Rue, n° 43, à la Croix-Rousse.
Dufour, chef d'atelier, clos Dumont.
Durand, rue du Chapeau-Rouge (rue de Belfort), n. 19.
Le 15 mars, le sieur Joseph Esquin, ouvrier employé chez le sieur Prunet, ovaliste, demeurant cours d'Herbouville, n° 25, commune de la Croix-Rousse.
Fournier, maître-ouvrier en soie, rue de la Citadelle, n° 1 (partie du boulevard)
Gagnière, rue Dumenge, n° 13.
Garçon, chef d'atelier, rue de la Visitation (rue de Nuits) n°3
Gataz, place de la Croix-Rousse, n° 8, au 2e.
Jourssin, clos Dumond, 4e allée, au 2e
Lablanche, rue Dumenge, n° 8, au premier
Lardet, rue des Fossés (rue d'Austerlitz), n° 8
Levis, rue du Pavillon, n° 3, à la Croix-Rousse.
Maillet, Grande-Rue, n. 107, à la Croix-Rousse.
Martinon, place de la Croix-Rousse, n° 17.
Mauban, place de la Croix-Rousse, n. 22, au 4e.
Mauband fils, rue Dumenge, n° 10, au 3e.

© collection privée

Naudor, chef d'atelier, rue de la Visitation (rue de Nuits) n° 3,
Perton, rue du Chapeau-Rouge (rue de Belfort), n° 4.
Raumieux, rue des Fossés (rue d'Austerlitz), n. 8, au 4mc.
Rojet, fabricant à la Croix-Rousse, rue Calas, n° 4, Christophe Escoffier, ouvrier en soie né à Carouge, canton de Genève, a disparu depuis le 21 novembre.
Sibuet, Grande Rue de la Croix-Rousse, n° 95.
Suiffet, rue du Chariot d'Or, n° 11, au 2e.
Thivolet, rue des Tapis (disparue lors de la création du boulevard) en face de la poste des Chartreux.
Verdun, rue du Chariot-d'Or, n° 12

Ma guide m'avait pris le bras et m'entraînait du côté de la **place de la Croix-Rousse**.

— Vous ne ferez pas attention au désordre, me prévint-elle. Nous venons de planter des arbres. Des platanes. Du moins sur la grande place. Sur la petite, ce n'est guère possible, le marché avec ses baraquements ne le permet pas. Vous avez vu, nous ne tenons pas rigueur à ***Jacquard*** d'avoir mis au chômage beaucoup de tisseurs. Nous avons obtenu de récupérer sa statue qui était **place Sathonay**.

© Archives du Progrès

© J.PV

Je fus pris soudain de vertige. Mettez-vous à ma place, on ne parcourt pas des dizaines d'années sans que la fatigue ne pointe son nez. Avisant un banc en bois, j'y posai mon darnier. Il y avait une grande agitation sur le marché couvert et je laissai mon regard errer sur les façades au nord de la place, découvrant les enseignes des magasins.

Certains n'avaient pas changé de fonction.

La pharmacie par exemple.

© E.M.P

D'autres s'étaient transformés en chapelles à pécuniaux, signe des temps. Mais la grande place et sa sœur étaient déjà le théâtre d'une fébrile activité.

— Vous voyez gone, me dit la Marie-Thé, c'est ici que tout se passe.

— De mon temps aussi, répliquai-je.

Les Croix-Roussiens qui passaient par là, curieusement s'arrêtaient un moment, me regardaient, puis poursuivaient leurs activités. Entre deux ferraillements de trams, la place résonnait de conversation ou du pas d'un cheval sur les pavés sagement alignés.

© collection privée

Tout à coup un grand bruit me fit tourner la tête. ***Jacquard***, oui, le Joseph-Marie, jusque-là tranquillement pensif sur son socle, se mit à bouger. Sa redingote de pierre maculée par quelques pigeons victimes de la tourista, fut soulevée par une rafale de vent du Midi.

— Ça fait du bien de se dégourdir les fumerons ! lança l'inventeur en descendant de son socle.

Avec précaution il enjamba la barrière qui l'entourait et se dirigea vers moi. Comme je me doutai qu'il souhaitait s'asseoir près de moi, je me poussai sur le bord du banc. L'irréalité a des limites. Le banc s'écroula dans un grand fracas.

— Excusez-moi, fit Jacquard.

— Pas de mal, je répondis en constatant, le derrière par terre, que se retrouver assis sur un crottin de cheval, n'est pas plus agréable que s'abouser sur un cadeau-canin. N'en déplaise aux nostalgiques !

© J.P.V

— Alors, on vient habiter dans les ateliers de canuts ? Ces ateliers construits tout « esque-près » pour qu'ils œuvrent sur mon métier ? Hein ? demanda la tête de pierre du Joseph-Marie.

— Heu... fis-je savamment.

Ma guide n'était plus là. Elle choisissait ses salades sur le marché couvert.

— Es-tu comme les autres ? Fais-tu partie de ceux qui viennent habiter à la Croix-Rousse en ayant le mot canuts plein la bouche et qui ne savent même pas ce qu'est un crapaud !

Je levai le doigt comme à l'école Jacquard dans la classe du père Pichon.

© E.M.P

— C'est un défaut de fabrication dans une étoffe ! criai-je fier de moi espérant naïvement avoir un bon point.

Je continuai sur ma lancée en ayant cru voir un éclair d'intérêt dans les yeux de pierre de la statue.

— Ça se fait ce crapaud quand la maille de remisse, (l'ensemble des lisses, la réunion de mailles en soie), est cassée et que le fil n'obéissant plus à la lève ou à la baisse des lisses, la trame passe par-dessus ou par-dessous, ou par quelque autre raison de ce genre.

Intérieurement je remerciai Nizier de Puitspelu et son Littré de la Grand'Côte. Jacquard ne fut pas dupe de mon savoir en canuserie.

— Ouais, fit-il en cherchant dans ses poches. Vous avez une petite idée de « l'ateyer » ? Comment c'était ?

— L'atelier du ***père Mattelon***, celui de ***mamie Letourneau***, celui de la **rue Justin Godard**, j'ai visité !

Non mais ! Le père Jacquard pensait peut-être que j'étais tombé du dernier TGV !

— Tenez !

Il me tendit quelques photographies montrant des tisseurs en train de travailler. Sur l'une d'entre elle une tisseuse actionnait une canetière et derrière elle on apercevait l'échelle qui permettait d'atteindre la sous-pente. J'étalai ma mémoire livresque.

— La canetière est une machine qui permet de faire vingt ou trente canettes à la fois. Elle remplace le rouet.

© J.P.V

Il acquiesça. J'en pris une autre et me mis à réciter.

— Ici nous avons une ourdisseuse qui ourdit sur un ourdissoir !

La statue de pierre fit gémir le bois du banc écafoiré. Je poursuivis avant qu'elle ne s'exprime.

— Ourdir, comme son nom l'indique, c'est préparer les fils de la chaîne avant de les monter sur le métier et l'ourdissoir c'est l'engin qui le permet et dont l'organe essentiel est un tambour vertical à claire-voie sur lequel s'enroulent les musettes qui sont comme chacun sait un assemblage de 40 fils de la chaîne, ou demi-portée, qui, à l'ourdissage, est dévidé comme un seul ruban et s'enroule autour de l'ourdissoir, en formant un nombre de spires à égale distance sur toute la hauteur.

Je m'arrêtai essoufflé… et un peu caquenano d'expliquer cela à Joseph-Marie Jacquard. Il me regarda un instant et partit d'un formidable rire qui ébranla toute la Croix-Rousse.

— Je vois que tu sais lire. Bientôt tu vas me décrire l'intérieur d'un ateyer. Ainsi par exemple : « C'est une vaste pièce qui prend jour par trois fenêtres. Au long de cette façade, deux métiers dits de première vue. Parallèlement, un ou deux métiers en seconde vue. Le tout serré comme des brignolles. Dans un coin un dévidoir pour la trame, un rouet ou une canetière. Les métiers en seconde vue sont mal éclairés. Que sera-ce aux étages inférieurs ? Aussi à la Croix-Rousse, c'est le rebours d'ailleurs, le prix du loyer enrichit à mesure que l'on grimpe. Le moindre prix est celui du premier étage ; le plus élevé celui du cinquième. On paye la lumière. »

Je constatai que nous avions les mêmes sources. Il se pencha vers moi.

— Sais-tu que les canuts évitaient d'aérer afin de protéger la soie contre l'humidité et les changements de temps. Alors, « imagine l'air confiné, l'âcreté de la soie teinte, les relents d'huile de la mécanique, les remugles de la cuisine, tout se combine dans une écœurante odeur de faganat. »

— Le faganat c'est cette odeur plate et particulièrement nauséabonde ; par exemple, le matin, l'odeur des chambres où l'on a couché et qui n'ont pas été aérées. Quand Agnus Poupard se maria, il disait qu'il aimait bien sa femme, qu'elle était bien gentille, mais qu'elle sentait le faganat !

Yvette Chevassut au travail

— Dis donc gone, tu pourrais mettre des guillemets. C'est du Nizier !

— C'est pour éviter de citer des noms d'aujourd'hui, monsieur Jacquard, répliquai-je en sentant le rouge qui me remontait jusqu'au sommet du coqueluchon.

La conversation reprit. En fait je m'aperçus qu'en voulant m'interroger il souhaitait me démontrer plusieurs choses. Que sous le terme de canut ou de tisseur se cachait une multitude de savoir-faire divers et complexes. Rien que le vocabulaire du métier comptait une centaine de mots précis. Le battant, une sorte de cadre en bois, les marches qui sont les pédales du métier, le rouleau du devant contre l'embuni du tisseur et sur lequel s'enroule l'étoffe. Et la façure qui est la partie de l'étoffe fabriquée entre le battant et la poitrine du canut que suit la medée, ensemble de fils non encore tramés, entre l'étoffe fabriquée et le remisse. Les mots et les expressions venaient se heurter dans ma tête. Il souhaitait également que derrière l'aspect nostalgique des images, je puisse sentir la vie des tisseurs, celle des enfants très tôt sous le métier avant d'être dessus.

C'est ainsi que je me retrouvai dans une cambuse d'une famille de tisseurs à l'heure du repas.

— Le fabricant mange quand il a faim. Le canut quand il a pain.

© J.PV

La fenotte qui venait de m'adresser ce dicton de la « Plaisante Sagesse Lyonnaise », mit devant moi une assiette creuse puis reprit.

— C'est vrai, on n'a pas toujours de quoi mais on se dépatouille ! Y a les pissenlits qu'on ramasse le dimanche dans les prés, qu'on accompagne de lardons ou de harengs, parfois d'œufs cuits dur. Le gras-double et puis les navets, les truffes… les pommes de terre, j'veux dire, et j'accommode… faut bien.

Le brouillard de ma jeunesse qui traboulait des Dombes certains matins d'école, envahit l'atelier de la famille canuse. À tâtons je descendais les escaliers et me retrouvai dans la rue. Tous les métiers travaillaient. Le fameux bistanclaque-pan résonnait, frappait les murs et les pavés, se glissait dans les rigoles. À côté de moi une silhouette en culotte courte cheminait. Je baissai les yeux pour m'apercevoir que moi aussi mon allure était celle d'un écolier de l'école Jacquard. Nous nous mîmes à courir par crainte d'un retard ou pour jouer, tout simplement. Les mots de la fenotte canuse me trottaient encore dans le cotivet. Mes années d'enfant avaient-elles aussi entendu une voix de maman rassurante quant aux possibilités d'accommodement des restes. **La rue Jérôme Dulaar** n'avait pas le tout-à-l'égout et de temps en temps une eau mousseuse nous obligeait à sauter. Nous étions mercredi, demain jeudi, jour sans classe. Samedi, pas d'étude. Le jardin de la **rue Henry Gorjus** pour moi et mon imagination débridée, le petit bois et les ruches, l'arbre pour se pendre par les pieds et le vent dans les branches sombres des deux grands sapins qui nous offraient de temps en temps des chenilles processionnaires. Aujourd'hui le 31bis n'appartenait plus qu'aux souvenirs et au 31 s'imposait un immeuble qui avait sans vergogne écafoiré mes jeux, mes pleurs et mes rires, mes espoirs et même le goût de ma première cigarette que je recherchais encore bêtement.

© Robert Luc

Quand j'ouvris les yeux, mes dix ans fichèrent le camp épouvantés de tant de regrets inutiles. Je regardai là où se trouvait, il y a quelques secondes, Jacquard. Personne. Je me levai et le vis sur son socle, le pigeon éternel sur une de ses épaules.

*

* *

— Alors, on rêve !

La Marie-Thé, sa filoche coufle de victuailles se tenait devant moi.

— Pas du tout.

Je lui désignai de la main le banc de bois abousé dont les lattes finissaient de rendre l'âme.

— Regardez, je n'ai pas rêvé. Ce ne sont pas mes soixante kilos tout mouillés qui l'ont rendu dans cet état, chère amie.

— Évidemment, fit la fenotte en me regardant du haut du cotivet jusqu'au bout de mes agaçins (Note du traducteur : de la tête aux pieds). Ce n'est pas vous mais les forains de la vogue. Ils ne l'ont pas fait « esqueprès », c'est en reculant…

— La vogue !

© E.M.P

Je sentis dans mon dos le souffle de la chenille. Un souffle étouffé, couvert par la voix éraillée et sourde qui nous invitait, séduisante : « allez, roulez jeunesse ! » La toile multicolore recouvra les petits wagonnets, accompagnée par les cris des filles. L'imagination osait à peine concevoir ce qu'il pouvait se faire dans cette obscurité bien mystérieuse. Du Gros Caillou jusqu'après la mairie, ce n'était que manèges et stands de toutes sortes. Le trolley, le 13 Croix-Rousse était détourné à la hauteur de la **place Claude-Joseph Bonnet.** J'aimais le carrousel de la **place de la Terrasse** et pas du tout celui près du ***Chanteclair*** dont le propriétaire prenait un malin plaisir à m'empêcher d'attraper la queue du singe, garantie d'un tour supplémentaire.

— Le Chanteclair, avez-vous dit ? m'interrompit la Marie-Thé. Écoutez !

Le fracas d'un mur qui s'écroule masqua le bruit de la fête foraine. Un nuage de poussière envahit le boulevard et le vent éparpilla comme des feuilles d'automne les programmes et les tickets de cinéma.

— Comme c'est dommage…

Celui qui avait prononcé ce regret était vêtu d'un costume des années quatre-vingt, une serviette en cuir au bout du bras gauche.

— Vous connaissiez le Chanteclair ? lui demandai-je.

— Oui. Je passe devant chaque fois que je fais avec mon épouse le marché de la Croix-Rousse. Ce marché si authentique, si peuple, plein de gens pittoresques, avec un drôle d'accent. Ils sont absolument divins ces braves. Voyez-vous ma femme et moi-même, je suis professeur de philosophie, Aurore est décoratrice et passionnée par l'art naïf, et bien nous adorons ce quartier, véritable village au sens vrai du terme…

© Robert Luc

Y commençait à me plaire ce gone.

— Et vous alliez souvent dans ce cinéma ?

Je crus voir l'ombre d'une contrariété.

— C'est-à-dire que nous avons guère le temps. Voyez-vous il nous faut nous rendre dans le Luberon pour entretenir notre petite maison de campagne, nos amis ne cessent de nous rendre visite. Nous avons mis en communauté notre espace. C'est follement révolutionnaire. Et puis le temps de finir la lecture du Monde et de trois hebdomadaires pour se tenir au courant de la vraie vie… hop l'heure de la séance a passé… enfin il nous reste la télévision fidèle reflet de notre société faite de contradictions contradictoires mais qui nous permet de nous tenir au courant de la vraie vie… Nous sélectionnons nos programmes. Par exemple nous n'avons pas regardé le Loft car pour avoir suivi toutes les émissions, nous pouvons nous dire, mon épouse et moi-même, c'est absolument abject… surtout cette histoire de piscine…

— Ouais... je vois... je fis, l'air de plus en plus dubitatif et un brin exaspéré.

— Mais, rassurez-vous, nous avons ma femme et moi, signé la pétition pour maintenir le cinéma. D'ailleurs nous sommes fortement engagés. Nous signons de nombreuses pétitions. Pour que les enfants ne soient pas sollicités par la vogue, pour que la Croix-Rousse soit animée silencieusement, pour des espaces verts à la place des immeubles anciens, pour l'interdiction de posséder une voiture quand on ne peut se payer un garage etc etc... bref nous sommes pour la vraie vie !

Je tournai le dos, laissant le gone, sa serviette noire, ses pétitions et ses certitudes. C'est alors que je me croisai. Enfin je n'étais pas tout seul. Et puis pour être franc avec mon lecteur en train de tremper sa tartine de beurre dans son café au lait, je me vis deux fois. Une première fois, un dimanche matin. Je courais de toute la vitesse de mes jambes nues de dix ans le long de la rue Henry Gorjus. Je tournai à gauche à la hauteur de l'épicerie porte-pot de Mme Drevais et descendis la rue Bournes qui de ma hauteur me parut avoir une pente vertigineuse. Je stoppai devant le Saint-Au... le cinéma Saint-Augustin. Au bout de l'impasse le guichet.

© Robert Luc

— Quatre places pour 14 heures 30. L12, L14, L16, L18, s'il vous plaît !

La caissière cocha d'une croix chaque petit carré énoncé. Je payai, elle me tendit les précieux tickets. Je fis demi-tour, toujours en courant. Moi et le cinéma Saint-Au, nous étions des voisins. Et c'était en voisin qu'il nous invitait. Le Chanteclair, ce n'était pas pareil ! C'était la sortie. Le pantalon de golf arborait des plis visibles. Les chaussures étaient cirées, je sentais la brillantine, mon père me tenait par la main. Il nous fallait traverser le quartier. Le samedi soir ou plutôt un samedi soir de temps en temps, quand les pécuniaux le permettaient et que papa n'avait pas eu, paradoxalement, trop de pourboires pour ses livraisons d'énormes colis de la SLECO... qui lui donnaient soif.. trop... Le Chanteclair, c'était du cinématographe sérieux, du cinéma de récompense et il n'est pas étonnant que plus tard, j'eus avec les salles de la ville, Lyon, les mêmes rapports. Le Royal, aujourd'hui défunté, par exemple.

© collection privée

Je cessai de me souvenir pour examiner de plus près la larme que j'avais laissée échapper. Elle était authentique.

*

* *

— Faites attention ! Vous allez vous faire écraser !

Devant moi, en plein milieu de la **Grande Rue de la Croix-Rousse**, un cuchon de gones me regardait. Je n'avais pu m'empêcher d'être inquiet pour leur sécurité. Il n'y a rien à faire, il était bien difficile de songer qu'en ce début de XXème siècle, la rue était avant tout, la voie des piétons. Nous étions avant l'âge où l'automobile restait une curiosité pétaradante et seuls les tramways représentaient un réel danger. Je descendis la rue commerçante, passant sans souci d'un trottoir à l'autre, m'attardant devant les vitrines. Un petit groupe de Croix-Roussiens était assis devant la boutique de la veuve Mathieu spécialisée dans les occasions et les soldes.

© J.P.V

— Fait beau aujourd'hui ! me dit en guise de bonjour un moustachu au visage avenant.

— C'est de saison… dis-je sans trop me mouiller.

— Pour sûr mon gone, c'est pas toujours le cas, me répondit-il.

— Ça marche le commerce ? demandai-je sachant d'avance la réponse.

— Pas terrible…

Gagné ! Quelles que soient les époques les commerçants sont ainsi.

— Nous avons eu des périodes plus fastes, reprit une fenotte ceinte d'un tablier blanc, en rejoignant le groupe. Tout ce modernisme, les gens font que courir. Ils ne lantibardanent plus alors forcément ils n'ont plus le temps d'acheter. C'est la vie moderne. Et puis y z'aiment moins le bel ouvrage, le savoir-faire. Quelle époque !

Je me gardai bien de donner mon avis et de leur apprendre qu'ils n'avaient encore rien vu. D'ailleurs, à la réflexion, je me demandais si ce n'était pas dans l'ordre des choses de regretter ainsi le temps d'avant. Du coup, je me promis, une fois retrouvée ma fenotte et nos embiernes, de relativiser les ennuis. Comme j'admirais le vélo garé le long du trottoir, un des chalands qui passait le nez en promenade m'interpella.

— C'est l'avenir, la bicyclette monsieur. Vous avez vu le Tour de France. Vous connaissez Garin, Petit-Breton, Eugène Christophe… ? Paris-Lyon d'une seule traite ! Ça, c'est du sport ! Vous verrez, dans cent ans on en parlera encore du vélo. Les gens ne se déplaceront plus qu'ainsi.

— Peut-être…

© collection privée

2580 — Lyon - Grande-Rue Croix-Rousse
REPUBLIQUE FRANÇAISE
POSTES
BOUVIER
POSTICHES
PARIS
© J.PV

LYON - Grande Rue de la Croix-Rousse
Edit. D. T.
© J.PV

Il avait en partie raison. Pour le Tour de France, aucun doute. Pour le reste…

— C'est l'automobile l'avenir !

Un gone, emmitouflé comme s'il débarquait du pôle Nord, de grosses lunettes lui mangeant le visage, intervint et m'évita de mentir.

— C'est sûr ! cracha un vieux, le mégot collé à sa moustache jaunie. Y a déjà des embouteillages avec les charrettes à bras et y faut pas y croire, les grands gognands qu'achètent des automobiles, y vont s'en servir dans la ville ! Moi j'vous l'dis vous allez voir que dans la Grande Rue on pourra plus se garer. Et ton vélo gone, faudra y faire des sentiers « esqueprès » pour lui !

— Y a pas besoin d'automobiles, fit un canut à casquette. On a les « tramevets » qui glissent sur des rails comme les cygnes du Parc de la Tête d'Or.

— Y vont les y supprimer, jeta le vieux en tentant de rallumer son mégot enfoui dans sa moustache.

© J.P.V

Je me risquai.

— Pour les remettre plus tard… peut être.

— Ça m'étonnerait pas, dit l'ancien en haussant les épaules. Mais avant y vont nous inventer un machin collectif, mais au lieu qu'il soit dirigé par des rails d'en bas, y sera dirigé par des fils d'en haut.

— Allons papo, on a tâté de l'arquembuse ! se moquèrent les plus jeunes des gones.

Pourtant…

— Avancez sur l'avant !

La voix ne souffrait pas de commentaire. Le receveur, casquette sur la tête, se leva à moitié de sa cage grillagée située à l'arrière du véhicule. Je me retrouvai le nez à la hauteur de la boucle de ceinture d'un gone qui ne faisait pas dans l'abstinence. Lorsque vous avez dix ans les usagers des trolleys ont la fâcheuse tendance à oublier votre existence. Surtout aux heures de pointe, surtout quand le ciel a décidé de faire le grand nettoyage de printemps ou d'automne et qu'il jette sans précaution de grands seaux d'eau sur la ville, obligeant les piétons à devenir usager de l'OTL.

© Archives du Progrès

— Poussez pas ! hurle une fenotte dont les posses avantageuses devraient lui faire payer deux tickets. Un jeune homme qui empeste la brillantine ne paraît pas trouver désagréable ces deux berthes qui se reposent sur son coqueluchon huileux.

— C'est toujours pareil avec l'OTL, clame un gone en bleu de travail offrant à son entourage l'odeur suave du cambouis et à y regarder de mes yeux de myope, mes lunettes se sont cassées victimes d'un choc avec un grand qui se prenait pour Marcel Cerdan, la dame au corsage blanc gardera un souvenir indélébile de son trajet dans le « 13 » Cimetière, un soir de pluie.

— Vous avez raison, fit une voix pointue sortie de l'avant du trolley. On Travaille Lentement, voilà leur devise. Y en a que pour le 13 Croix-Rousse, jamais pour celui du cimetière !

À chaque virage la population transportée était tantôt écrabouillée à droite, tantôt écafoirée à gauche et cette alternance était ponctuée de bruits divers. Mais à hauteur de l'arrêt dit « arrêt Charret », situé entre ***le clos Jouve*** et la **rue Bournes**, la situation empira.

— Je descends à la prochaine, fit le dessous d'un chapeau à voilette.

— Moi aussi, ma p'tite dame, répondit un monsieur chauve gras comme une ablette et dont les os pointus faillirent l'éborgner quand il se retourna.

© Archives du Progrès

— Pardon, Monsieur, vous descendez ? demanda-t-il gentiment au comprimé qui le précédait.

— Où voulez-vous que j'me mette ! hurla celui-ci.

Il s'ensuivit un charabara, une bourdifaille de tous les diables. Pris de panique ceux qui voulaient descendre écrasaient sans vergogne les arpions de ceux qui obstinément attendaient l'arrêt suivant. J'avançai de cinq mètres sans pouvoir toucher le sol, emporté par la foule comme Edith Piaf dans sa chanson. La masse compacte des voyageurs avançait de quelques centimètres pour aussitôt reculer. Le conducteur menaça d'emmener tout le monde à l'arrêt Bournes, actionna la fermeture des portes, coinça une douzaine de doigts, sépara des familles jusqu'alors tendrement unies, des couples furent déchirés, le gone brillantiné s'accrocha l'air innocent à la poitrine opulente de la fenotte qui refusait tout à l'heure d'être poussée, un sac gonfle de mandarine orphelin de son propriétaire, se pétafina sur les bijoux de famille d'un respectable Croix-Roussien. Le trolley vomit ses derniers clients de l'arrêt Charret et reprit sa route dans un soupir de soulagement, pour s'arrêter cent mètres plus loin...

*

* *

— Ah ! ah ! ah !

Mon guide qui m'accompagnait au fil du temps, la Marie-Thé était pliée « en quatre ». Certains disent « en deux », ce qui est plus exact mais bien moins visuel.

— Vous m'avez bien fait rire avec votre bus. Il paraît que c'est plus le 13 mais le 18 maintenant ? Tout change. Le 6, celui qui se tortille sur les pentes, qui est réservé à ceux qui ont l'embuni bien accroché, et bien, on m'a susurré au creux de mon oreille finement ourlée…

© collection privée

Comme elle avait mis sa phrase en suspension, j'acquiesçai.

— … qu'il ne ferait plus terminus **place Commandant Arnaud**. Vous connaissez cette place ?

— C'est là que j'ai obtenu mon certificat d'étude ! m'écriai-je. Et même aujourd'hui, j'y compte de vrais amis !

Le tram couvrit ma voix. Il nous conseilla fièrement de se rincer le corgnolon avec « Maltine », une liqueur qui sans aucun doute devait être câline. Des enfants jouaient sous des platanes juvéniles, cueillant les rayons d'un soleil d'hiver un peu rapiamus. Débarrassée de ses objets encombrants, la place me parut immense. Le long du groupe scolaire, la **rue Pailleron** continuait sa course pour rejoindre la **rue Dumont d'Urville**. Il n'y avait pas encore les totems qui décideront dans quelques dizaines d'années, qui doit passer et à quels moments. J'enviai ce gone en pèlerine admirant son ombre projetée sur le carrefour, sans souci.

Une silhouette sombre traversa la place, emprunta la rue Pailleron en direction de ***l'église Saint-Denis***. Il me sembla reconnaître un curé d'aujourd'hui, le père Bobichon. Comme si mon guide lisait dans mes pensées, elle me conseilla :

— C'est un de ses prédécesseurs. Vous voulez aller à la messe à Saint-Denis ? Vous savez par ici, Saint-Denis a trois fonctions. Le culte, le cercle, le cinéma. Hosties et prières pour le premier, coinches, boules et billard pour le second, films, entracte et chocolats glacés pour le dernier. Faites votre choix. Moi je vais faire un tour sur la place de la Visitation…

— Où ?

— Pardon, j'oubliais… place Bertone ou **place Belfort** si vous préférez. Vous me rejoindrez mais avant je vais vous la décrire.

© J.P.V

— Pas nécessaire chenuse fenotte, je la connais. Ombragée et conviviale, un crapaud asthmatique transformé en fontaine y a craché pendant trois jours une pisserotte de gouttelettes avant qu'une feuille de platane ne vienne l'étouffer et la réduire à l'état de défuntée pour le restant de ses jours !

— Cela, c'est la version moderne. Mais je vous donne rendez-vous, cher gone, sur celle qui s'honore d'une fontaine digne de ce nom, avec de l'eau qui glougloute et des mamis qui jouent à la fraîche. Vous verrez, elle est animée.

Elle me laissa et remonta la **rue de Belfort**. Je me dirigeai droit sur le clocher de l'église qui était depuis toujours le cœur du quartier. Je m'assis près d'un de ses piliers monumentaux, dans ce silence si particulier où semblent résonner les prières à peine murmurées, plus ou moins sincères, plus ou moins conformes aux principes même de celui ou celle à qui elles s'adressent.

— Tais-toi donc, que connais-tu du Bon Dieu ? Et des canuts ?

La bannière de la corporation des tisseurs de Lyon s'agitait en se moquant de moi. Elle haussa de la hampe et me tourna le dos. Elle avait raison. Ce voyage au fil du temps me paraissait de plus en plus semé d'embûches et plus j'avançais, plus il me semblait la tâche immense, avec la certitude d'oublier l'essentiel, de m'exposer à la colère des lieux, des événements qui, je le sentais, m'échappaient.

— Viens m'sieur !

Une petite fille me regardait de ses grands yeux. Sur sa tête un large chapeau. Elle me tendit sa petite menine et me força à me lever. Je heurtai ce qui servait il y a longtemps à poser ses genoux quand on s'agenouillait. Le bruit prit une importance gênante et je toussai pour masquer mon embarras.

— Comment t'appelles-tu ? demandai-je en souhaitant qu'elle ne me demande pas de dessiner un mouton.

— Mounette !

Nous sortîmes. Dehors la nuit s'était installée, avait pris ses aises et offert de même coup aux rues qui l'accueillaient, une nappe de brouillard.

— J'ai de la peine à me diriger, lui dis-je. De mon temps il y a beaucoup plus de lumières, des néons, ça éclabousse les trottoirs bitumés, en vert, rouge, bleu, orange, blanc ! Là, c'est boueux et sombre.

Elle restait silencieuse, sa main toujours dans la mienne.

— Heu... j'ai rendez-vous avec madame Marie-Thé, **place de la Visitation**. Pourrais-tu m'y conduire... vraiment je n'arrive plus à me repérer.

Toujours le même silence. Ces gosses ! Quelle que soit l'époque, ça un côté casse-melettes ! (note de la traductrice rougissante. Melette : testicule de mouton.)

— Regarde !

Enfin elle parla ! Elle me montrait en effet quelque chose de curieux. Sur le rebord d'une fenêtre d'un immeuble de canuts, au troisième étage, un petit pot de verre et à l'intérieur une flamme qui tremblait de froid ou peut-être même, de peur de tomber. Je regardai la Mounette. Ses yeux étaient semblables au lumignon et elle affichait un sourire propre à vous faire croire à Jésus que je venais de quitter et au Père Noël qui lui m'avait quitté, il y a longtemps et à mon grand regret.

© E.M.P

— C'est le 8 décembre ! m'écriai-je. Ça se fait encore par chez nous !

— Je sais, me signifia avec dédain la demoiselle haute comme trois grattons. Vous avez même tendance à rajouter des jours. encore quelques années et dans ton siècle vous aurez droit au mois des lumières. Attention : abondance de biens nuit... et pour les illuminations, c'est tout indiqué !

Nous remontions la **Grande Rue de la Croix-Rousse** qui peu à peu voyait les fenêtres s'orner de guirlandes frissonnantes et lumineuses.

— Je me demande si tous les Croix-Roussiens croient vraiment que la Vierge a protégé Lyon.

Je m'étais interrogé à voix basse comme si j'avais peur d'éteindre par mon souffle les fragiles flammes orangées. La fenotte n'était pas sourde.

— Et alors, nous fêtons bien Noël, le 14 juillet, Pâques et tout un cuchon d'autres commémorations dont je ne suis pas certaine qu'elles soient approuvées par tous.

Je trouvai cette Mounette bien grande pour son âge. Elle ajouta :

— Franchement monsieur le voyageur qui lantibardane dans le temps, vous êtes bien placé pour savoir que tous ceux qui clament à tue-tête le chant des Canuts d'Aristide Bruant sont loin d'approuver tous les mots et je ne parle pas de la Marseillaise !

Décidément elle ne faisait pas son âge. Je fredonnai dans mon coqueluchon les vers de l'Aristide. Les chanter à pleine voix aurait fait défunter toutes les bougies tremblotantes

— Pour chanter

« Veni Créator »
Il faut avoir chasuble d'or.
Nous en tissons pour vous, grands de l'Eglise,
Et nous pauvres Canuts, n'avons pas de chemise.
C'est nous les Canuts,
Nous sommes tous nus.

Pour gouverner, il faut avoir
Manteaux ou rubans en sautoir.
Nous en tissons pour vous, Grands de la terre,
Et nous pauvres Canuts, sans drap on nous enterre.

Mais notre règne arrivera
Quand votre règne finira,
Nous tisserons le linceul du vieux monde,
Car on entend déjà la révolte qui gronde.

C'est nous les Canuts,
Nous n'irons plus nus. »

— Bravo ! applaudit la petite qui avait lu dans mes pensées. Mais savez-vous que l'une de vos connaissances, un vrai gone, le père Mattelon, réfute le terme de canut ?

— Je sais. Ce sont les anciens qui un jour l'ont tarabaté à ce propos. Ils préfèrent l'appellation de tisseurs.

© collection privée

Nous prîmes la **rue du Chariot d'Or** en silence. Tout un cuchon de fenottes et de gones était à l'angle de la **rue du Mail**. Je reconnus la Marie-Thé en grande conversation avec les commerçants.

— Je vous laisse, dit la petite fille en me retirant sa menine. Eux vont tout vous barjafler sur le 8 décembre. Encore une chose m'sieur…

— Oui ?

— Gardez le moral. Souriez. Rappelez- vous le temps où la neige d'hiver livrait ses flocons sur le jardin de la **rue Henry Gorjus**.

Elle disparut.

— Alors on traîne ! m'interpella mon guide. Venez que je présente à ceux qui maintiennent la vie commerçante de la Croix-Rousse. Ça vit ici !

Il fallait bien l'avouer il y avait un va-et-vient incessant de livreurs, de vendeuses et de vendeurs en tablier blanc, de clients les filochons couflent de commissions, à l'angle de la rue.

— On prépare le 8 décembre, les illuminations ! me lança un gone à la paire de moustaches en guidon de vélo. Voyez-vous ce soir-là est très important pour nous. Nous faisons nos vitrines tout à l'« esqueprès ». Il y a même des concours. Les chalands se pressent le picou sur la vitre tant et si bien qu'on est obligé d'appeler la maréchaussée pour y mettre un peu d'ordre. Les bouchers, les charcutiers, les boulangers, les pâtissiers font de véritables chefs-d'œuvre pour un soir seulement. Sur le boulevard, la Grande-Rue, la rue d'Austerlitz, la rue du Mail, partout.

— Tout n'a pas disparu, dis-je.

Comme le photographe arrivait, le même que j'avais déjà vu près du Gros Caillou, tous se mirent en rang d'oignons et prirent la mine de circonstance pour une photographie qui allait franchir des années et des années. Mais cela ils l'ignoraient.

Ma guide me sigrola le bras comme s'il s'agissait d'un prunier.

— Allez, on va être en retard, nom d'un rat ! Dépêchez-vous par Sainte Marie Alacoque !

Entraîné par la Marie-Thé je faillis plusieurs fois m'écafoirer sur les pavés luisants. Vous remarquerez que généralement les pavés sont toujours luisants. Enfin, aujourd'hui, ça se comprend, on les a relégués sur les bords de la rue. Comme le balai du cantonnier les chatouille dès le matin, ils en pleurent ces grands gognands cubiques. Mais à l'époque où je vous écris, ils sont partout. Il y en a même venus tout droit du Rhône.

67. — LYON. — Grande rue de la Croix-Rousse — E. R.

Ils sont pointus. Les « têtes de chat » qu'on les appelle. Bref, la fenotte me fait traverser le quartier à la vitesse du vent du Midi, celui qui apporte manquablement la pluie.

— Trop tard ! fit la fenotte en me lâchant le bras. Je me pétafinai le derrière pique-plante sur une flaque d'eau. Mon darnier en transpira d'un seul coup.

La Marie-Thé avait l'air furieux. Ses yeux bleus lançaient des éclairs.

— C'est de votre faute ! Vous barjaflez de droite et de gauche, vous lantibardanez comme si nous avions que ça à faire.

— Si vous m'expliquiez ? fis-je timidement.

— Je voulais vous montrer la ***gare de la Croix-Rousse***. Cette magnifique gare où le dimanche des centaines de braves gones et de chenuses fenottes, les bras chargés de quoi se remplir l'embuni, se rincer le corgnolon, se pressaient pour passer une journée à la campagne.

© Archives du Progrès

— Elle était où ? On va la retrouver ! Dis-je pour la consoler. Elle ne doit pas être très loin.

La Marie-Thé me regarda comme le père Pichon, mon instituteur de jadis, après une interrogation écrite sur l'imparfait du subjonctif du verbe vaincre, revu et corrigé par mon imagination débridée.

— Mais on l'a démolie, espèce de niguedandouille ! Y z'ont construit des immeubles, là, **rue Jacquard**, à côté de chez l'Anatole !

— J'ai ce qu'il faut.

Nous nous retournâmes. Elle à 90°, moi à 180. Je refis la manœuvre.

— Père Frangin ! m'écriai-je.

— T'es là toi, fit la Marie-Thé en haussant ses sourcils blonds.

Le Bernard fouilla dans son cartable, jeta au passage quelques illusions qui traînaient encore, puis s'avisant les remit au fond, et nous tendit des photographies.

© Archives du Progrès

— Elles viennent du Progrès. Elles ont échappé à diverses tourmentes.

Elle était belle en effet cette gare promesse de journées à taquiner l'ablette, le goujon ou le poisson-chat au bord de la Saône. Je me penchai pour ramasser un papier qui en se dandinant de la feuille avait chu entre deux pavés, juste sur la crête d'une herbe verte. Je lus la date : 1953. Les photographies qui constataient le choix des élus, sa démolition, portaient la date griffonnée au crayon fuchsia : 1957. **Le boulevard des Canuts** posé sur le métropolitain n'était pas encore à l'ordre du jour. Nous rendîmes à Bernard les images.

Brusquement, du côté du **boulevard de la Croix-Rousse**, on entendit un roulement de tambour, suivit d'un ordre gueulé par une poitrine censément virile : « Présenteeeeez… armes !!! »

— Je m'ensauve, fit précipitamment le père Frangin. Ce genre d'ordre, très peu pour moi. J'en ai assez vu. Allez, à la revoyure.

Il disparut dans un froissement de soie. Tout à coup la terre se mit à trembler, agitant nos fumerons. Nous nous approchâmes de la mairie. D'énormes tanks remontaient l'endroit même où, jusqu'en 1865, les remparts séparaient les Lyonnais des Croix-Roussiens.

— C'est la Libération ? questionnai-je en m'adressant à une fenotte qui se servait d'un petit drapeau tricolore comme d'un éventail.

— La libération de qui ? Des femmes ? Z'êtes un torche-bugne, vous. Vous arrivez droit comme une bugne de Brindas ou de Chaponost ! Z'êtes ravitaillé par les corbeaux ! C'est le défilé du 14 juillet ! Le jour de la prise de la « pastille ». Hi ! hi ! hi !

Je me demandai si elle riait de moi ou de son jeu de mot, inguérissable. La Marie-Thé n'était plus là. Je la cherchai du regard un peu partout. Pas facile de la retrouver au milieu d'une forêt d'uniformes, de képis, de galons et de fourragères.

© Archives du Progrès

— Madame Marie-Thé ! hurlai-je.

— À mon commandement ! En avant, marche ! répondit à mon appel la miaille d'un adjudant qui à première vue devait être du genre à passer son doigt sur le haut d'un placard pour y traquer la moindre poussière. Le genre de type à vous prouver qu'il est facile et efficace de vous faire creuser un trou individuel à moins 15° en cas de guerre atomique. J'en avais connu du côté de La Valbonne. En 1963, la même année que celle de cette revue qui se déroulait pour une fois sur le plateau croix-roussien.

Et ça défilait, ça se donnait l'accolade, ça se décorait, ça se saluait sous le regard curieux, désabusé, intéressé, critique, des gones.

— Enfin, mon gone n'ira pas en Algérie, soupira un vieux de cinquante ans, la casquette de toile enfoncée jusqu'aux oreilles. Elle se termine cette guerre qui reniait son nom ! Il est parti pour…

© J.P.V

Un bruit sourd l'interrompit.

— Ça recommence !

Je m'inquiétai.

— Non. Ce bruit n'est pas celui des bombes ou des canons, m'indiqua le Croix-Roussien. C'est la démolition de la cheminée de chez ***Gindre***, **rue Hénon**.

© Archives du Progrès

J'allais lui demander à quel endroit l'entreprise se trouvait quand j'aperçus ma chenuse guide au large sourire. Je saluai l'heureux père et la rejoignis.

— Je vous avais perdu de vue.

— Tu parles ! répliqua-t-elle.

— Qu'est-ce qu'on fait ? hurlai-je.

J'étais obligé de crier car de tous côtés ce n'était que bruits et fureurs, comme dit l'autre. Un curieux mélange de fracas de démolition et de bruits métalliques suggérant au contraire l'atmosphère particulière de constructions. Grincements de poulies et jurons en italien s'entremêlaient. J'entendis ou du moins il me semblait entendre, les cris d'arbres que l'on arrachait à leur terre. Ce charabara venait d'un partout du plateau.

Des camions chargés de gravats se croisaient dans un concert qui ne pouvait être que de klaxons. Les bétonnières bétonnaient.

— C'est la deuxième révolution qui commence, me dit la Marie-Thé en cherchant à extraire un gratton de plâtre de son œil.

— Attendez, je vais vous aider.

© Archives du Progrès

Je sortis de ma poche un tire-jus à carreaux et passant mon laridet à l'intérieur je fis sauter un minuscule bout de souvenir.

— Merci, me dit-elle les larmes aux yeux.

— Quelle deuxième révolution ?

— Celle de l'habitat, de l'urbanisme, pardi !

Au risque de paraître couenne, je persistai.

— La première... heu... c'était...

Je ne finissais pas ma phrase afin que tout naturellement elle puisse poursuivre. J'avais vu et entendu ce procédé purement journalistique à la télé et à la radio. C'était un bon moyen de faire croire qu'on savait mais qu'il était plus élégant de se l'entendre dire. Sa réponse mit par terre ma théorie.

— Hmm ! fut sa réponse.

Je me mis à réfléchir. Que m'avaient enseigné les grands historiens de la Croix-Rousse. Je tentai le coup.

— Vous voulez dire que la première révolution urbanistique s'est faite au XIXème siècle et qu'aujourd'hui c'est un nouveau chambardement ?

Elle posa son darnier sur une cadette qui est l'avancée en pierre d'un mur.

— Je repose mes fumerons et mes agaçins. Guide, c'est pas de la gnognotte, nom d'un rat !

Elle ôta ses chaussures et entreprit de bouger ses clapotons forts jolis au demeurant, dans tous les sens. De gauche à droite et de haut en bas. Elle poussa un profond soupir qui fit tressaillir ses berthes accueillantes et confortables et m'expliqua.

— Quand le Jacquard améliora le métier de Vaucansson et de quelques autres, censément il fallut des ateliers plus hauts de plafond. Sur le plateau croix-roussien il y avait de la place. Des propriétés bourgeoises, des propriétés religieuses, des jardins avec des poreaux, des cardons, de la frisée et des clergeons, des vaches qui font meuh et des poules qui font cocorico, des…

— Cot-cot-cot-codet ! Les poules ne font pas cocorico !

— Bon. N'empêche, il y avait donc la possibilité de construire. Alors on construisit. Des immeubles quasiment sur mesure. Bien orientés vers le soleil. Alors pensez que certains virent arriver les pécuniaux. Le gone Pitrat dont la tour s'effondra du côté de la **rue Saint François d'Assise**, avait fait fortune avec le boom, comme vous dites, immobilier. On fit des rues, des places et tout et tout… Ça, c'est la première révolution !

— Plus la démolition des remparts une fois que la Croix-Rousse ait perdu son indépendance en 1852, rajoutai-je histoire de montrer à la fenotte que je n'étais pas aussi caquenano que je pouvais avec ma vue basse, mon clavier à sourire qui avait des absences et l'absence de résidence secondaire à un âge avancé.

La Marie-Thé acquiesça du cotivet. Elle remit ses grolles, tira sur sa robe pour masquer le bas de ses mollets et se leva.

— La deuxième révolution que tu entends a commencé plutôt sympathiquement. Du côté du bas de la **rue Hénon** avant-guerre ; on a construit des habitations pas trop chères, bien chenuses même si elles ne possédaient pas de douches. Tenez… regardez.

© Archives du Progrès

Rue Pernon derrière un dromadaire impassible se profilaient les maisons de la cité-jardin. Je me souvenais maintenant de l'**allée Blache**, de la **place Picard** et du Centre Social. Surtout du Centre. La ruée des culottes courtes et le piétinement des sandalettes pour obtenir le dernier Tintin. La bibliothèque était juste à côté de la pièce où ma mère raccommodait les chemises et les chaussettes... que l'on ne jetait pas. C'était un des services de la... maison familiale, comme on disait... et puis je me souvenais des fins de mois... terribles. Les fins de mois ont la particularité de perdurer.

— Hé ! Votre mélancolique tristesse, vous y mettez votre tire-jus par-dessus. Vos embiernes passées, présentes et futures vous n'allez pas nous les étaler comme les vidangeurs de l'UMDP sur les champs de Vénissieux ou de Rillieux. Hein !

© Robert Luc

Elle avait raison la fenotte.

— Allez, grimpez là-dedans !

— Quoi !

— Z'avez les traquettes ?

Devant mon regard de myope, rectifié par des verres hors de prix et remboursés un retinton par la Sécu...

— Vous égarez pas par sainte-Marie des Terreaux ! On va être là demain. Je reprends : Z'avez les traquettes ?

Devant moi une superbe montgolfière était posée sur le sol prête à s'envoyer en l'air. Sur le ballon rouge, un gros « P » majuscule noir et blanc, traversé par une plume blanche. Je reconnus les armoiries du Progrès.

— C'est à lui ?

— C'est le père Frangin qui a dû arranger le coup. En fait, le journal a un avion mais pour décoller **place Flammarion**, c'était un peu juste.

Je me vis courir **rue Henry Gorjus** un dimanche soir. J'allais chercher la « jaune », l'édition du soir, celle des résultats sportifs, jusqu'au kiosque du boulevard de la Croix-Rousse. Deux éditions par jour et tous les autres quotidiens…

— Grimpez !

© J.PV

Je grimpai. J'étais déjà amoureux de la Croix-Rousse au ras des pissenlits, alors vous vous imaginez le sentiment que je pouvais avoir en la contemplant des cieux. Comme qu'en vous vous penchez sur votre belle endormie, sans la toucher, simplement en la regardant entière et en détail. Je voyais même les anciens bastions transformés depuis 1866 en places.

— À propos d'amour, fit ma guide qui s'activait autour des manettes de l'aérostat, jetez donc un regard sentimental sur la ***tour de la Belle Allemande,*** au nord. Vous connaissez ?

— «... Une grande tour grisâtre qui domine tout ce qui l'environne et lève vers le ciel sa crête dentelée. Le vaste clos qui l'entoure à toute l'étendue d'un parc : les cultures y sont très variées et l'on y trouve des vignes, des vergers arrosés par des sources, des arbres magnifiques…. Au-dessous de ce belvédère, tout annonce le mouvement et l'agitation qui règnent à l'approche d'une grande ville. La vue embrasse la Saône, dont le cours est animé par le mouvement des barques et des bateaux chargés de marchandises et de voyageurs… »

— Vous connaissez par cœur le bouquin « Lyon vu de Fourvière » de 1834 ?

Je gonflai mes poumons servant de banque à la SEITA et je jetai, désinvolte :

— J'ai une excellente mémoire.

Il n'en est rien. Je passe mon temps à écrire sur des petits bouts de papier qu'aussitôt je classe dans un endroit dont je ne me souviens plus. Grave ! Mais les bouquins doivent servir ce n'est pas toi qui me diras le contraire, cher lecteur chaussé de charentaises au coin de ta cheminée sirotant une arquembuse et fumant ta pipe pendant que ta fenotte reprise tes chaussettes et que tes enfants jouent avec leurs cousines au docteur…

— Eh ! les digressions, ça va un moment. Au prix du papier…

— Pour tout vous dire, c'est dans le livre du bon Jean Butin que je suis tombé sur cette citation.

© collection privée

— Et bien continuez, puisque vous avez commencé, dit ma guide qui me sembla un tantinet vexée.

Je préférai abréger.

— Celle que j'aime parmi les diverses versions, c'est la ballade de la Belle Allemande du XVIIIème siècle. Vous vous souvenez... dis-je pour me réconcilier, mais je serai incapable de la citer de mémoire.

Elle actionna une espèce de bidule et le ballon prit dix mètres comme d'autres prennent dix ans de vieux. Mon embuni se précipita dans mes agaçins qui le rejetèrent aussitôt. Il reprit sa place et je récupérai une couleur moins verdâtre. Satisfaite de voir ma miaille passer par toutes les couleurs de la palette d'un peintre maudit elle se mit à déclamer dans l'azur silencieux.

— « *C'est Gertrude la belle*
Dont la blonde prunelle
Voile l'œil tout en feu ».

— Vous avez une belle voix, la complimentai-je.

J'enchaînai.

— Ensuite il est question d'un mari, un vieillard austère, qui censément ne fait pas des galipettes tous les jours, qui aime le pillage et la guerre et qui est jaloux comme un pou. Alors, la voilà qui erre l'âme en peine dans la plaine. Et voilà qu'un jeune page beau comme un écrivain, erre aussi. Dans la même plaine. Ce qui arriva arriva et cupidon décocha dans le darnier des deux jeunes une flèche. Ah ! fit l'une. Oh ! fit l'un. Et ils se mirent à deviser ensemble, parlant du CAC40, du Crédit Lyonnais, du divorce de machin et de la chirurgie esthétique de machine, bref toutes ces conversations indispensables pour construire un amour fort à l'épreuve de toutes les chausse-trappes qui ne manque pas de placer sous le pas des amoureux qui se regardent dans les yeux en même temps que l'horizon commun, la vie impitoyable. Leurs pupilles étant occupées à copuler tout en regardant l'avenir ils ne voient pas un homme surgir d'un buisson. Un serviteur du châtelain ! Aie, aie, aie ! fait la lectrice et j'entends son cœur battre sous son peignoir rose. Elle a raison. Le jeune homme est enfermé au château Pierre Scize.

La Marie-Thé entonna de sa voix cristalline un autre couplet.

« Aussi sur la tourelle
Bien souvent monte-t-elle
Elle y dit son malheur
Et jette au vent qui passe,
Emportés dans l'espace
Les soucis de son cœur. »

Porté par l'ambiance poétique j'haussai le ton.

— Le prisonnier par la lucarne fait des signes : « Hou hou ! j'suis là ! » Elle répond la belle : « Viens mon amant, rejoins-moi, tu sais nager ! » Voilà le jeune page qui s'échappe de sa geôle et traverse la Saône tout aussi polluée qu'aujourd'hui, mais pas par les mêmes produits. Tout mouillé, il s'approche du château. « Flop, flop, flop » font ses poulaines détrempées sur la rive croix-roussienne. Il est en vue du château de la belle. Hélas ! Les gardes zélés n'appliquent point les 35 heures, ils se moquent des RTT, le taux de syndicalisation est faible. Ils s'emparent du jeune homme. Il se débat car il est brave et amoureux. « Petit con ! » s'écrie la belle sur sa tour. En effet, dans l'échauffourée qui s'ensuit, une lame de poignard anonyme lui transperce le cœur. Elle n'a plus qu'à se laisser mourir.

Nous restâmes un moment silencieux, ma guide et moi, le ciel était vide.

— Mais, c'est ***le Clos Jouve*** ! hurlai-je car elle avait de nouveau manipulé un bidule qui provoqua un bruit de soufflerie d'enfer. C'est quoi, ces petits grains bleus ?

— Les soldats. Le clos Jouve est leur terrain de manœuvres. C'est que la Croix-Rousse ne manque pas de casernes. Le fort Saint-Jean,

© collection privée

© collection privée

le fort Saint-Laurent, la caserne du Bon Pasteur… Tenez-vous bien, on descend.

Elle n'avait nul besoin de préciser. Mon estomac refit le voyage aller-retour. J'imitai de nouveau la palette du peintre maudit et quand la nacelle toucha la terre censée être ferme, je fis patacu et me retrouvai l'embuni barbotant dans une flaque de gabouille.

Le dôme de ***l'église Saint-Bruno*** était peint par un rayon de soleil spécialisé en art baroque. Là où aujourd'hui les basketteurs remplissent leurs paniers percés et les lycéens courent à perdre haleine la casquette à l'envers, les troufions répétaient le prochain spectacle, haut en couleurs, rouge pour les acteurs, noir pour les parents et fiancées, qu'ils n'allaient pas tarder à donner. Pendant quatre ans, sans interruption, à tranchées fermées. Je me détournai.

© J.P.V

— Reculez-vous, nom d'un rat ! Vous voyez bien que vous êtes pique-plante sur le jeu de boules !

Quelle animation ! Tout un cuchon de gones allait et venait. Le clos Jouve résonnait du claquement sec des boules qui se choquent. De chaque côté des jeux une foule compacte commentait, jugeait, critiquait. Par moments de vifs applaudissements saluaient un carreau, un point improbable. Parfois au contraire un murmure désapprobateur stigmatisait un mauvais choix tactique, une boule qui venait boire sur le bord du terrain.

— Tu te mets là. Non, pas là, là. Voilà. Viens tout droit, t'occupe pas de leurs boules, vas-y mon gone.

Le chef de quadrette, la visière de sa casquette au ras des prunelles, commandait la manœuvre. Le pointeur tenait bien serré sa boule en bois cloutée, tournée vers le ciel. Il tourna son poignet, les deux fumerons décalés et légèrement fléchis et lança la sphère. Elle décrivit un arc de cercle, toucha la terre à environ deux mètres de lui, prit de la vitesse. L'assemblée retenait son souffle. Le lanceur se tortillait dans tous les sens et sa miaille était agitée de tics. La boule ralentit, freinée par un gratton, elle sembla hésiter et n'était plus qu'à cinquante centimètres de son objectif, un petit objet rond, brun, perdu au milieu d'une demi-douzaine de grosses boules joufflues et prétentieuses. Est-ce le coup de main de la déesse des boules, la Fanny, née au clos Jouve et qui comme chacun sait offre à ceux qui ne font aucun point dans la partie, la partie la plus charnue de son anatomie, pour une bise honteuse, toujours est-il, alors que l'on croyait que cette boule allait stopper, elle effleura une adversaire et vint, impudique, téter le petit.

Les spectateurs ne purent retenir un « oh » d'admiration. Les plus anciens hochèrent du coqueluchon.

— Bien joué, mon gone.

Le capitaine félicita son pointeur et tendit une tige de fer légèrement recourbée à un bout, de cinquante centimètres. Un jeune à rouflaquette brunes s'en empara et entreprit de tenir sur le champ un concile avec son équipe. Ses adversaires avaient réalisé un excellent coup, il s'agissait maintenant de rétablir la situation. Les deux équipes étaient chacune à un point de la victoire. Il ne restait qu'une boule à jouer et elle leur appartenait. Celle-ci d'ailleurs attendait sagement le long des planches. Sous ses airs de fille sage perçait une fierté propre à ces boules qui sont la propriété d'une ethnie à part dans la société des gens de boules, la race des tireurs. Des êtres d'exception qui allient une grâce naturelle à un mental de guerrier. Le sang-froid, l'adresse, des fumerons solides, des agotiaux musclés, des poumons de marathoniens, c'est ainsi que l'on peut les remarquer.

© collection privée

— Marque !

L'un des joueurs colla le « cinquante » à la boule qui n'en finissait plus de téter le but, traça un arc de cercle et fit deux petits traits à la base des boules qui stationnaient tout autour. Le jeune homme brun, la tête légèrement penchée en avant remonta le jeu sous les regards des spectateurs échafaudant à voix basses toutes les possibilités offertes au tireur.

— Soit il rate et il a perdu ! fit un grand moustachu dont le chapeau frôlait les premières feuilles de platanes.

— Soit il touche la boule et le but, et c'est annulé, dit un petit homme à la brioche conséquente et dont les yeux arrivaient au bas des bretelles de son voisin.

— Soit…

— Chut !!! Laissez-le se concentrer, ordonna le bistrotier du coin reconnaissable à son tablier bleu et sa patte mouille posée sur son épaule.

Le tireur était arrivé au milieu du jeu quand il se retourna et fixa l'endroit précis où se tenait la boule de son adversaire et le but. Le but, bien qu'innocent, frissonna sous son regard. La boule, elle le traita avec dédain, le narguant même. Elle en avait vu d'autres dans sa longue carrière de boule de pointeur. Des niguedandouilles, des torche-bugne, sûrs de leur adresse, il n'en manquait pas de par les clos de la Croix-Rousse. De la **place Tabareau** à la ***place Edouard Millaud***, du jeune Boulodrome de l'impasse Gord aux jeux bénis de l'ALCR, des grattons des Grognards en passant par ceux des Cercles Ste Elisabeth et St Denis ou de la boule Combattante, des Cheminots et ceux de la **rue Denfert-Rochereau**. Elle en avait fait perdre des champions et parfois même réussi à leur faire baiser le cul de la Fanny !

© J.P.V

— Les pointeurs qui font triompher leur équipe, ça existe ! semblait dire la boule en cajolant le but de buis.

Machinalement le tireur passa la semelle de ses grollons sur la terre et prit sa boule. Il l'essuya consciencieusement et la tint dans sa paume de main gauche. Plus un bruit sur le Clos Jouve. Il tendit le bras semblant fixer un point minuscule au-delà de l'horizon et se mit à faire un, deux, puis trois pas de plus en plus vite en balançant d'avant en arrière son bras. Arrivée à la ligne tracée dans la terre, la boule le quitta en dessinant une trajectoire courbe pendant qu'il freinait sa course à petits pas. Les cotivets des spectateurs firent le même mouvement. Un bref instant le projectile parut comme immobile, stoppé dans sa course, puis soudain elle plongea, fracassa sa collègue pointeuse et prit sa place accompagnée d'un son unique et sourd. Le but surpris, ne fit pas un mouvement. Il avait changé de maîtresse sans avoir eu le temps de dire ouf.

— C'est un carreau ! hurla mon voisin pendant que la foule applaudissait à tout rompre.

— Ils ont gagné !

Je fus présenté aux vainqueurs, je les félicitai et c'est ainsi que je partageai le mâchon de la société de boules de la Tabareau, à laquelle adhérait la quadrette triomphale. Par la même occasion je découvris que le beaujolais avait été le vin des boules, consommé au mètre de pots, avant d'être sur les tables japonaises et le prétexte des traditionnels pince-darniers du Sofitel (c'est en ville et c'est réservé aux photogéniques de tous bords, plus ou moins connus, plus ou moins utiles, et ça se passe la nuit précédant l'arrivée du beaujolais nouveau.).

© Archives du Progrès

*

* *

— Aie !

— Vous avez mal au coqueluchon, demandai-je à la Marie-Thé en entendant cette plainte. C'est-y le beaujolais nouveau ? Est-ce une pétition de vos gammas GT en surpopulation ? Est-ce votre estomac qui vous remonte par la moelle épinière jusque dans votre cotivet et qui s'infiltre dans vos beaux cheveux blonds qui ondulent au vent d'une soirée d'été ? Est-ce…

— Suffit ! ordonna ma guide. Ce n'est pas moi qui gémis.

— Qui est-ce ?

— Ça vient du côté des Esses. Justement !

— Le **chemin de Serin** ?

— En-bas.

Elle tendit son oreille au vent afin de récolter davantage d'information. Elle fronça son nez.

© Archives du Progrès

— C'est la colline !

— Quoi la colline ? Elle s'abouse ? Mais généralement quand elle s'écafoire, c'est plutôt à l'est, du côté du **quai d'Herbouville** comme en février 1957 **rue Joséphin Soulary** ou le 31 juillet 1977 sur le quai lui-même.

— Chut ! fit la fenotte en posant son laridet sur sa bouche divinement sensuelle. On la perce !

— Comment ça ? On perce qui, quoi, où ?

— Le projet d'avant-guerre d'un tunnel sous la Croix-Rousse, les élus le reprennent. Elle me dit qu'elle sera traversée de part en part, sur 1752 mètres. Et c'est pas tout, on va lui creuser le dedans de sa chair de bas en haut pour, paraît-il, faire respirer les automobiles. Ces chères créatures ont besoin d'air pur. Vous verrez qu'elles demanderont un jour d'aller à la campagne, à la mer et que les gones seront obligés de se soumettre à ses envies. Y aura des processions le 15 août, pour la Toussaint.

— Et ils vont être nombreux les automobilistes à passer sous ses jupes.

— Inauguré le 20 avril 1952, sept ans plus tard, ils seront 26 000 conducteurs à admirer le filochon de la mère Cotivet, les carreaux blancs qui recouvrent les parois !

— Et le quartier de Serin, ses fenottes et ses gones bien chenus ?

— Pour sûr, il sera toujours un peu à l'écart du centre de la Croix-Rousse. Vous pensez, il y a un paquet de grattons que la **rue des Entrepôts**, elle n'entrepose plus de vins mais des mamis en culottes courtes portant des cartables aussi gros que des cent-potes. Enfin, le Saint-Charles qui a déjà changé au moins trois fois de place, y va peut-être se stabiliser. Il aura une cabiotte toute neuve.

© Archives du Progrès

La Marie-Thé se releva en se tenant les reins.

— Elle se calme. Il faut qu'elle s'y fasse la colline. On peut pas toujours rester immobile.

J'avais encore dans la tête le bruit des constructions. Ceux de la **rue Louis Thévenet**, de la **rue Chazière**, du **boulevard de la Croix-Rousse**, de la **rue Pernon**, de la **rue Hénon**, du **Bois de la Caille**. Je voyais la **rue Barodet** s'élargir, les Esses s'étaler, le **boulevard des Canuts** circuler.

— Ouais… je fis sans trop me mouiller.

— Faites pas cette miaille ! Au nom de la croix de couleur rousse qu'on a replantée bien droite sur son socle exactement où c'est qu'elle était avant, au nom de l'hôpital qui fait naître des cuchons de bébés de toutes les couleurs, tant et si bien que tous les z'élus qui se présentent y manquent pas de rappeler qu'ils ont vu le jour, même quand c'est la nuit, dans notre village, reprenez votre sourire qui s'est abousé sur bitume !

Je le ramassai.

— Suivez-moi ! On va faire la fête !

© E.M.P

On fit la fête. De toute façon nous ne pouvions y échapper. On tomba d'abord sur la vogue. C'était la journée récréative, entendez par là que les associations offraient colis et en accord avec les forains, des places gratuites. La bousculade bon enfant était de rigueur. Nous continuâmes à remonter le **boulevard de la Croix-Rousse**. Comme un attroupement était formé **rue des Pierres Plantées** nous traversâmes la limite administrative entre le 4ème et le 1er arrondissement. Brusquement la Marie-Thé s'arrêta net et comme je suivais en regardant une silhouette minijupée, je me pétafinai l'embuni sur le darnier rembourré de ma guide. Ça ne lui déplut pas. Elle me prit par les épaules. Nous étions pique-plante au milieu du boulevard et elle semblait s'en moquer comme de sa première liquette.

— Écoutez-moi bien.

J'écoutai le mieux que je pus.

— Je ne répéterai pas. Certes la Croix-Rousse, c'est le quatrième arrondissement parce que censément, avant c'était la commune. Et ce jusqu'à ce que le grand gognand à barbichette aussi républicain que je suis moi une accro aux « Macdaubes », décide de nous annexer en 1852. Le 24 mars pour être précis. Mais, parce que c'est dans l'ordre des choses, nous considérons que la Croix-Rousse va jusqu'à la rupture de pente. Dès que ça commence à prendre de la vitesse, c'est Lyon. Fin de l'exposé !

— Mais à l'est et à l'ouest, il y a des pentes pentues…

— Mais par les melettes de saint-Canut, j'viens de vous dire que ce qui était dans la commune reste dans la commune, on considère simplement que ceux qui habitent ou travaillent sur la bande de terrain qu'est plate ou légèrement en pente, côté premier, c'est des Croix-Roussiens !

— Vous vous étendez en quelque sorte…

— On peut le dire. On assume… d'ailleurs, entre nous, on a vécu plus longtemps avec ceux de Caluire qu'avec ceux de Lyon… Donc à la rigueur… la rue Coste… la montée de la Boucle… Hmm…

J'interrompais ma Croix-Roussienne car la foule massée en haut de la **montée de la Grande-Côte** bouliguait en tous sens.

— Venez !

Ce fut à mon tour de l'entraîner. Au milieu de deux rangées de spectateurs surgirent des coureurs cyclistes.

— Y a Anglade ?

J'interrogeai autour de moi. Personne ne répondit, trop occupé à acclamer les força de la route.

— C'est le cyclo-cross de la Croix-Rousse, me lança un petit gone peigné comme Jacques Anquetil. Je compris que l'on était en 1961. Troisième victoire dans le Tour de France et ce n'était pas fini. Sur les pavés les vélos tremblaient, dispersant au passage l'odeur si particulière de l'athlète en sueur. Les derniers coureurs avaient les yeux du désespoir. En danseuse, le darnier ne touchant plus la mince selle depuis les premiers centimètres de la côte, ils tiraient leur monture qui elle aussi grimaçait. Un couple se tenait à nos côtés. Lui portait un blouson noir et elle une jupe amplifiée par un jupon amidonné. Il la tenait par l'épaule, elle le tenait par la taille. Elle lui dit :

— Tu viens, il y a un méchoui **rue Célu**.

Cette phrase pourtant murmurer, tomba bien évidemment dans l'oreille finement ourlée de la Marie-Thé.

— Hop ! me fit-elle d'un mouvement de tête.

Nous partîmes en direction de la **rue Célu** en empruntant la **rue de la Crèche**. La **place Saint-Jacques** était noire de monde. Enfin façon de barjafler, puisqu'au contraire la foule était multicolore. Ça barjaquait de partout. Au milieu d'un groupe dont les hommes qui le composaient, distribuaient une quantité impressionnante de poignées de mains, je crus reconnaître Edouard Charret, le député. Nous n'avions guère changé d'époque depuis la course cycliste.

— Dites donc, chenuse beline, fis-je en m'adressant à la Marie-Thé qui avait elle aussi commencé sa tournée de salutations, faisant péter la miaille par là, serrant les menines par ici, c'est quoi ce méchoui ? Ici, à la Croix-Rousse, terre du claqueret, des groins d'âne, des grattons, des salades de clapotons… un méchoui ! Mes agotiaux m'en tombent !

— Z'êtes bien un Jean-la-Fiarde ! D'abord nous sommes en 1963 et y a tout un cuchon de gones aux agaçins noirs qui débarquent et pas seulement à La Duche. Et ceux qui arrivent y n'ont pas dans leurs filochons des économies comme ceux de la fabrique de la place Tolozan. Y n'ont pas fait suer le burnous et faut leur remonter le moral. Ils ont quitté leur vaganay, leur père Durand, leur soleil. Secondo, les associations croix-roussiennes, elles ne passent pas leur temps à sonner à la porte de la Mairie pour être subventionnées. Alors elles animent ce qui était inanimé, et aujourd'hui je crois savoir que ce sont les amis de quelque chose qui sont en fête. Et puis entre nous, qu'est-ce que cela peut faire ! Les pécuniaux de la convivialité vont pas franchir les frontières et atterrir dans les coffres codés des banques Suisses.

© Robert Luc

Sur ce, elle me planta là, s'en allant saluer la ***Chanson Croix-Roussienne***, les accordéonistes de chez Poujol et quelques autres associations. Mais, mon bon lecteur, ma douce lectrice, vous qui êtes bien installés dans votre divan, les pieds surélevés pour la circulation du sang, tenez-vous ! Que vis-je arriver ? Vous pariez un pied de vigne de la ***République des Canuts*** ? Non ? Vous y êtes attaché ! Bon. Et bien je vis brusquement la fanfare du régiment ! Le neuf-neuf ! Le régiment fétiche de Lyon. Venu tout droit de Sathonay jusqu'à la rue Célu et la place Saint-Jacques !

© Robert Luc

La soirée battait son plein. J'avais sommeil et mes fumerons revendiquaient sérieusement un repos compensateur. Je m'éloignai doucement des lumières, des flonflons de la fête. Sans savoir pourquoi je me souvins des fêtes d'école dans la salle qui accueille aujourd'hui Molière ou Philippe Faure, des cimetières et leurs gloires éphémères ou immortelles, des ombres si vivantes et de la neige. Des cigales sur le tronc des platanes et de la Saône au bas de la rue Niepce qui charriait ses glaçons, mais aussi de moments que je ne souhaitai pas revoir. La **place de la Croix-Rousse** était silencieuse. Elle avait son goudron luisant qui multipliait les taches multicolores des vitrines. Bien sûr elle avait aussi ses voitures immobiles, ses façades financières, ses crottes de chien. Mais elle avait encore, je l'entendais, je pouvais le voir, le rire des enfants, les berjafles des fenottes rentrant du marché et les gones qui trinquaient dans les lieux conviviaux, qui refaisaient le monde, et s'engueulaient à la coinche.

Elle était encore La Croix-Rousse…

Les Rues du Quatrième Arrondissement

Actionnaires (rue des)
De la rue Eugène Pons à la rue Mascrany. Attestée en 1849, elle devient rue du Tribun la même année, puis en 1852 reprend son nom actuel. Son appellation perpétue le souvenir de la compagnie financière par action créée sous la Restauration pour la réalisation immobilière du quartier.

Ambre (place Joannès)
Devant le théâtre de la Croix-Rousse. Nom attribué le 7 juillet 1986. Cette nouvelle place fut inaugurée le 13 septembre 1986. Le théâtre construit par Michel Roux-Spite fut d'abord salle des fêtes puis Maison de la Danse et enfin confié à Philippe Faure.
Avocat et adjoint au maire, J. Ambre est né à Lyon dans le premier arrondissement et mort à Menton le 21 août 1984.

Ancel (impasse)
Elle prend rue Chazière. Attestée en 1888. Cette appellation est celle du propriétaire de la résidence à laquelle elle conduit.

Anselme (rue Jean-Baptiste-Joseph)
De la rue Roussy à rue de Bony. Nom attribué le 29 juillet 1935. Cette rue porta à partir du 4 mars 1870 le nom d'un peintre dessinateur en soierie, Pierre-Toussaint Deschazelles, né en 1751 et décédé à Lyon le 15 décembre 1833. Notons que la partie Ouest est devenue rue Bleton en 1933.
Anselme est né à Bizonnes dans l'Isère (1848-1926). Conseiller municipal de Lyon de 1912 à 1925, adjoint au maire en 1919, président du Conseil des Prud'hommes, de la Chambre Syndicale des Tisseurs, des Mobiles du Rhône et de la Caisse d'Epargne de la Croix-Rousse.

Arnaud (place Commandant Antoine)
Entre la rue de Belfort et la rue Dumont d'Urville. Nom attribué le 8 août 1890. Elle fut aménagée sur une parcelle du clos Fertay acquis par la ville en 1879. On en profita pour élever le groupe scolaire.
Tragique destin que celui de ce brave Antoine Arnaud, né à la Croix-Rousse le 30 mars 1831 et mort au clos Jouve le 20 décembre 1870. Les parents qui mènent leurs rejetons à l'école et les consommateurs du

« Rendez-Vous des Tisseurs », ignorent-ils le drame qui se joua ce 20 décembre ? Le 18 décembre 1870 à Nuits-Saint-Georges sur l'arrondissement de Beaune, les légions du Rhône dont font partie de nombreux Croix-Roussiens, sont défaites par l'armée prussienne. Le bruit court aussitôt que l'armée régulière n'avait à aucun moment voulu les secourir. Pour quelques Croix-Roussiens c'est une trahison. Ils décident de chasser le préfet Challemel-Lacour et le conseil municipal. En avance d'un an sur les Parisiens, ils tentent d'instaurer la Commune. Ils demandent à un homme connu pour ses idées républicaines, chef d'atelier et commandant du 12e bataillon de la garde nationale de se mettre à leur tête. C'est Antoine Arnaud. Seulement, il est tellement républicain qu'il refuse. Souci de la démocratie ? Toujours est-il que les émeutiers décident sur le champ, en l'occurrence le café Valentino, de le juger. Ça ne traîne pas. Condamné à mort on le conduit au clos Jouve et il est fusillé. Certains écriront qu'il commanda lui-même le feu, qu'il jeta en l'air son képi et cria : « Vive la République ». Conséquence de cet intermède, Hénon rassembla le bataillon du Centre Ville qui rétablit l'ordre manu militari. Le conseil municipal adopta les enfants du commandant, attribua une pension viagère à sa veuve et organisa des funérailles grandioses auxquelles Gambetta assista. Il est enterré au cimetière de la Croix-Rousse.

Artaud (rue Joseph-François)
Entre la montée de la Boucle et la rue Saint-Dié. Elle a été percée par le propriétaire Chomais entre 1834 et 1839. Le nom a été attribué le 13 novembre 1863. Antérieurement : d'abord rue Saint-Joseph, en 1849 rue Denis Papin, l'inventeur de la machine à vapeur, puis en 1855 rue Octavio-Mey, l'inventeur du lustrage de soie mort en 1690.
Artaud est né en Avignon le 7 avril 1767. Après des études à Orange, puis à Valence, il « monte » à Lyon pour apprendre le commerce. Mais c'est pour l'archéologie qu'il va se passionner. Il visite l'Italie et à son retour, doté d'une solide réputation, il est professeur à l'Ecole de Chimie et enfin conservateur du Musée. Homme de conviction, il refuse en 1830 de prêter serment à la « Monarchie de Juillet » et doit démissionner. Après avoir légué à la ville de Lyon une collection de médailles et à l'Académie de Lyon sa bibliothèque, il se retire à Orange où il meurt le 22 juillet 1837.

Austerlitz (rue d')
Entre la rue du Mail et la rue Célu. Le nom a été attribué le 4 août 1854. Antérieurement les Croix-Roussiens l'avaient nommée rue des Fossés puisqu'elle longeait les fossés creusés à la base des remparts. C'est d'ailleurs dans cette rue que l'on peut voir une porte, vraisemblablement celle d'un bastion.
Aujourd'hui son nom évoque la célèbre bataille napoléonienne du 2 décembre 1805 déroulée sous un beau soleil. Nombreux ont été les soldats à ne pouvoir assister à son coucher qui paraît-il fut somptueux.

Barodet (rue Désiré)

De la rue Denfert Rochereau à la rue Henry Gorjus. Nom attribué le 16 mars 1908. Antérieurement : petite rue d'Enfer en 1831, rue de Dante, poète italien (1265-1321) en 1849, de nouveau petite rue d'Enfer en 1852. C'est dans cette rue que Marius Berliet construisit sa première voiture et que sont installés depuis 1752 les établissements Prelle, fabricants de soieries mondialement connus.

Né le 27 juillet 1823 à Sermesse dans la Saône-et-Loire, Barodet est décédé à Vincelles-en-Jura le 18 avril 1906. Voilà un brave gone puisque dans ses dernières volontés, il exigea de se faire enterrer au cimetière de la Croix-Rousse. Instituteur, il fut révoqué par M. de Falloux, comte de son état, rendu célèbre par sa loi qui assujettit l'Université au contrôle des autorités administrative et religieuse. On l'a compris Désiré avait des opinions politiques fortement républicaines. Il fut d'ailleurs un des premiers à proclamer le 4 septembre 1870 la République à Lyon. Conseiller municipal, maire à la mort d'Hénon de 1870 à 1873, député, sénateur jusqu'à sa mort. Il eut l'idée, somme toute sympathique, de consigner dans un recueil qui porte son nom, les déclarations et professions de foi des candidats avant les élections. Une pratique suivie pendant la IIIè et IVè République. Pas certain que cela ait incité les politiques à plus de réalisme dans leurs propositions.

Belfort (rue de)

De la rue d'Austerlitz à la Grande Rue de la Croix-Rousse. Le nom actuel a été attribué le 22 février 1871. Auparavant : en 1827, rue de Chapeau-Rouge du nom probablement d'une auberge, puis en 1854, rue Saint-Vincent de Paul. Une des plus anciennes rues, du moins dans sa partie sud, puisqu'elle était le prolongement de la montée Saint-Sébastien comme l'indiquent les plans dressés au Moyen Age.

Son actuel évoque la défense de la ville de Belfort en 1870-71 par une garnison placée sous le commandement de Denfert-Rochereau et qui comptait de nombreux Lyonnais. Le capitaine Thiers qui fut député du Rhône et Tibulle Lang, directeur de l'école de la Martinière et de la SEPR (Société d'Enseignement Professionnelle du Rhône).

Bély (rue Jean-Guillaume)

De la place Edouard Millaud à la rue Roussy. Nom attribué le 4 mars 1870. C'est une nouvelle voie qui est née au moment de l'aménagement du boulevard de la Croix-Rousse.

Bély est né en 1779 à Saint-Nicolas de la Grave (Tarn-et-Garonne) et mort à Lyon le 13 janvier 1856. Il fut un ébéniste doublé d'un mécanicien de métier à tisser. Version ébénisterie, on lui doit les modèles en relief des façades de la place Bellecour et il a réalisé la chaire de l'église de la Charité. Comme mécanicien il est l'inventeur de la mécanique ronde à dévider la soie qui a permis de supprimer les mécaniques longues.

Berger (impasse)
Elle prend naissance au 61 du boulevard de la Croix-Rousse. Son nom, probablement celui d'un propriétaire, a été attesté en 1923.

Bertone (rue Marcel)
Tenant : rue de Belfort. Attesté le 15 avril 1946. Antérieurement : place de la Visitation en 1831, place du Suffrage Universel en 1849, place du Peuple en 1850, place de la Visitation en 1852, place Belfort en 1871. Marcel Bertone est né à Lyon le 9 octobre 1920 dans le 3ème. Aide-comptable, il s'engage dans la Résistance et devient officier des Francs-Tireurs et Partisans (FTP). Il devait être fusillé à 22 ans à la prison de la Santé à Paris, le 17 avril 1942. Chaque année à pareille date, le Comité Marcel Bertone de l'ANACR, accompagné des élus de la Croix-Rousse, dépose une gerbe devant son domicile, impasse Gigodot à deux pas de la place.

Birmingham (avenue de)
Du pont Clémenceau au tunnel routier. Nom attribué le 28 février 1955. Antérieurement : partie du chemin de Serin à la Croix-Rousse. Le tunnel terminé, il fallait bien donner un nom à cette voie. On pensa alors à la ville avec laquelle Lyon était jumelée d'autant que le lord de Birmingham était un fidèle ami d'Edouard Herriot.

Blache (allée)
De la rue Pernon à l'allée Ringuet. Nom attesté le 12 juin 1922. C'est une survivante de la cité-jardin construite dans ces années, avant qu'elle ne disparaisse pour laisser place à l'ensemble des immeubles OPAC. Blache a été l'inventeur du métier à la petite tire avec Galantier (1627)

Bleton (rue Pierre, dit Auguste)
De la rue Bony à la montée des Esses. Nom attribué le 16 octobre 1933. Auparavant : partie de la rue Deschazelles. Cette rue se situe en bordure d'un ancien bastion. Bleton est né à la Croix-Rousse le 23 juin 1834 et mort dans le 5ème le 9 février 1911. Joaillier, il écrivait pour le Lyon-Républicain. Il fut secrétaire de l'Ecole des Beaux-Arts et des Musées de Lyon et membre du conseil supérieur de la Mutualité française. C'est sous le pseudonyme d'Auguste Josse qu'il fut l'auteur de livres sur l'histoire de Lyon, défendant avec vigueur nos vieilles rues et nos monuments anciens. On lui doit « Lyon pittoresque » illustré par le peintre Joannès Drevet.

Bois-de-la-Caille (rue du)
De la rue Hermann-Sabran au quai Clémenceau. Attestée en 1853. Une voie très ancienne mais qui ne fut « modernisée » que sous le Second Empire. Inutile de faire saliver les gourmands. Le nom « Caille » désigne une ancienne famille, les « de la Caille », propriétaires des terrains du bas de la rue. Un Pierre Caille était en 1493, bourgeois à Lyon.

Bonafous (montée Jean-Charles-Alphonse)
Du cours d'Herbouville à la rue Lebrun. Nom attribué le 9 novembre 1860. Elle est percée au début des années 1860 après bien des tractations avec les propriétaires des terrains des pentes croix-roussiennes. Bonafous est le nom du propriétaire du terrain, Jean-Charles-Alphonse Bonafous, négociant à Turin. On peut également citer Mathieu Bonafous (Lyon 1793 - Paris 1851) piémontais mais ayant séjourné très longtemps à Lyon et s'illustrant par des travaux sur la sériciculture. Fondateur de prix de l'Académie de Lyon. Il est enterré à Loyasse.

Bonin (rue André)
Tenant : place de Serin. Nom attribué le 4 janvier 1960. Antérieurement : impasse de Serin en 1835.
André Bonin est né le 24 mars 1903 à la Croix-Rousse. Officier, il fut interné à Montluc le 12 août 1944 et assassiné par les Allemands à Saint-Genis-Laval, le 20 août 1944.

Bonnet (rue Claude-Joseph)
De la rue Tabareau à la rue Philippe-de-Lassalle. Nom attribué le 4 mars 1870. Cette voie se trouvait en bordure d'un bastion devenue la place Edouard Millaud.
Bonnet, né le 18 février 1786 à Jujurieux dans l'Ain, a commencé par être ouvrier en soie, puis il devint fabricant et fonda des usines aussi bien à Jujurieux qu'à Lyon. Comme souvent chez ceux qui font un pareil parcours, il oublia ses modestes origines et en 1831, lors de la première grande insurrection, il s'opposa au tarif revendiqué. Il fut pendu en effigie dans cette rue qui rappelle aujourd'hui son souvenir. Curieuse Croix-Rousse qui rend hommage à quelques centaines de mètres de là... à la révolte !

Bony (rue Jean-François)
Du boulevard de la Croix-Rousse à la rue Chazière. Nom attribué le 4 mars 1870. Elle est à l'emplacement du bord Ouest d'un bastion.
Bony est né à Givors le 24 février 1754 et mort à Paris en 1825. Dessinateur et brodeur de tableaux, il fut très célèbre pendant le Premier Empire et la Restauration. Son nom figurait dans tous les bons guides de l'époque. On lit dans l'Almanach de Lyon de 1808 : « En applaudissant aux talents de M. Bony, les naturalistes doivent se féliciter de ce que, le goût de la botanique succédant aux figures bizarres employées jusqu'à ce moment dans les dessins des fabriques de Lyon, cet artiste sait fait connaître aux dessinateurs de cette ville que les meilleurs modèles qu'ils puissent choisir, sont ceux que la nature leur présente. » Ceci étant dit, il se jeta par la fenêtre en apprenant la perte de sa fortune.

Bouchon (rue Basile)
De la rue Pernon à la rue Pillement. Nom attribué le 19 juin 1922. C'est une nouvelle rue ouverte au moment de la naissance de la cité-jardin. Elle est à l'emplacement du mur de clôture Ouest du clos des religieuses de Sainte-Elisabeth qui étaient propriétaires.
Basile Bouchon fut l'inventeur d'un métier à tisser fonctionnant avec des aiguilles au XVIIIème siècle.

Boucle (montée de la)
De la rue Coste au cours d'Herbouville. Nom attribué en 1827. Antérieurement : chemin de la Combe d'Echery en 1493.
Au pied de la montée se trouvait une auberge très renommée portant ce nom. Napoléon et Joséphine y mâchonnèrent le 10 avril 1805. La « boucle » paraît évoquer la boucle que fait le Rhône en amont. Les anciens ont toujours une pensée émue pour le pont de la Boucle... la preuve, ils n'ont jamais pu appeler le nouveau pont par son vrai nom : Winston Churchill.

Boulevard (montée du)
De la place Bellevue à la montée Bonafous. Attestée en 1831. Antérieurement : chemin de Ronde des remparts de Saint-Clair. Cette raide montée est tracée sur le rempart extérieur du fort Saint-Laurent.

Bournes (rue Joseph)
De la rue Henry Gorjus à la rue Philippe-de-Lassalle. Nom attribué le 26 février 1912. Antérieurement passage Benoît, propriétaire, en 1889. Dans cette rue se tenait le cinéma Saint-Augustin, frère « défunté » du Saint-Denis.
Bournes est né à Lyon, paroisse Saint-Nizier en 1740 et mort le 14 août 1808. Dessinateur pour la fabrique, il s'illustra dans le dessin d'ameublement pour la cour de Louis XVI. Il fut élu à l'Académie de Lyon et son éloge funèbre fut prononcé par Picard, lui aussi dessinateur.

Boussange (rue Aimé)
Du boulevard de la Croix-Rousse à la rue d'Austerlitz. Nom attribué le 2 mars 1946. Anciennement : rue de la Crèche en raison de la proximité de la crèche Saint-Bernard. Elle est tracée sur l'ancien gymnase militaire qui occupait l'espace délimité actuellement par la place de la Croix-Rousse et la place Bellevue.
Aimé Boussange est né le 25 janvier 1898 à Vergeas dans le Puy-de-Dôme. Préparateur en pharmacie, il fut fusillé par la Gestapo à l'Ecole de Santé Militaire le 24 novembre 1943.

Brunet (impasse)
Au 71 de la rue de Cuire. Attesté en 1933.
On a le choix sur l'origine du nom : soit le propriétaire, soit le journaliste et poète du XIXème siècle J. Brunet, soit Jean-Charles, ornemaniste de la première moitié du XIXème.

Cabias (avenue Pierre Auguste)
De la place Tabareau à la rue Jacquard. Puis reprend rue Valentin Couturier jusqu'à la rue Denfert Rochereau. Nom attribué le 7 avril 1930. Antérieurement : avenue des Tapis en 1845. Les tapis sont les talus recouverts d'herbe en avant des remparts.
Cabias est né le 24 septembre 1802 à Lyon, décédé le 5 février 1875 dans le 4ème arrondissement. Ce fut le dernier maire de la Croix-Rousse de 1850 à 1852. Devenu arrondissement de Lyon, la Croix-Rousse devra attendre… 1983 pour pouvoir dire : « Bonjour M'sieur le maire ! »

Calas (rue)
De la Grande Rue de la Croix-Rousse à la rue de Cuire. Attestée en 1827. Dans cette rue a habité pendant la guerre, Francisque Collomb, ancien maire de Lyon qui avait comme ami et voisin, Frédéric Dard.
Les choix pour donner l'origine du nom ne manquent pas. En 1687 ce passage est attribué à un serrurier riverain, Calard. Au XVIIIème elle devient Calas. Peut-être en raison de l'affaire Calas chère à Voltaire. Il se peut qu'il s'agisse aussi d'un propriétaire. On peut même imaginer un glissement de la prononciation de « calard » à « calas ».

Canuts (boulevard des)
De la place des Tapis à la place Jules Ferry à Caluire. Nom attribué le 27 novembre 1961. C'était la voie de chemin de fer qu'empruntaient les trains permettant aux fenottes et aux gones de s'aérer du côté de Trévoux. Bien sûr ce nom évoque les ouvriers tisseurs. Mais curieusement les plaques bleues portent deux dates : 1831-1834. Il s'agit donc de célébrer les deux révoltes les plus connues que nous ne pouvons développer ici. Apparemment les édiles n'ont pas voulu souligner cet épisode de la lutte des ouvriers en soie… tout en le suggérant. Quant au terme « canut », réfuté par de nombreux tisseurs qui voient dans ce nom une injure, les explications sont aussi nombreuses que le Bon Dieu puisse en bénir ! Alors cannette, canne nue etc... chacun peut choisir.

Célu (rue Jeanne-Marie)
De la rue d'Austerlitz à la rue Dumenge. Nom attesté en 1831. Antérieurement : rue Descorle en 1849, rue Manuel en 1850 (Homme politique sous la Restauration qui se fit expulser de la Chambre pour opposition

à la guerre d'Espagne en 1823.) Redevient rue Célu.
Rare fenotte à qui l'on a donné le nom d'une rue. Elle est née à Lyon le 6 août 1780 et décédée le 26 septembre 1846. Elle fut fabricante d'étoffes de soie. Mais si elle est passée à la postérité, c'est que son époux n'était autre que Jacques Rey qui tint absolument que son nom de jeune fille soit immortalisé. Savait-il ce mari amoureux que seul le nom de sa fenotte perdurerait ?

Chalets (impasse des)
Elle prend au 88 de la rue d'Ypres. Nom attesté en 1869. Doit son nom aux petites maisons individuelles.

Chanel (place Emile)
Angle des rues Chazière et H. Ferré. Attribué le 17 mars 1980. Place nouvelle.
Directeur de l'Ecole Normale d'Instituteurs, aujourd'hui IUFM.

Chardonnet (rue)
Elle prend impasse Chazière. Nom attesté en 1933.
Toute petite rue qui porte un nom par ailleurs honoré dans le 1er arrondissement. Hilaire Bernigaud, comte de Chardonnet, né à Besançon en 1839 et mort à Paris en 1924, fut l'inventeur des textiles artificiels. Lyon fut bénéficiaire de cette création. L'usine de la Rhodiacéta par exemple en témoigne.

Chariot-d'Or (rue du)
De la Grande Rue de la Croix-Rousse à la rue Louis Thévenet. Nom Attesté en 1831.
Nul chariot chargé d'or n'a hanté la rue. C'était le nom d'une auberge située dans le secteur et qui pourrait bien être, si l'on regarde les plans de Josette Barre, à la place de la galerie Vrai Rêve rue Dumenge. Celle-ci a dans son sous-sol des peintures murales représentant des scènes de diligences.

Chazière (rue Jean)
Du boulevard de la Croix-Rousse à la rue Hénon. Nom attribué le 9 mai 1889. Antérieurement : chemin de l'Etranglard ou des Perrières en 1356, rue des Missionnaires en 1827, rue du Séminaire en 1835. L'impasse au 42 a reçu le nom de Chazière en 1955.
Né le 8 septembre 1821 à Lyon, décédé à Lyon dans le 1er le 21 octobre 1885. Clerc d'avoué il fut particulièrement généreux envers la ville de Lyon. En effet il légua 700 000 francs au Musée et 250 000 francs à l'Académie de Lyon. D'autre part, peintre, il céda à bas prix ses œuvres pour qu'elle les vende. Le produit de la vente permettra d'acquérir une propriété d'agrément de plus de 1,5 hectare. C'est l'actuel Internat Adolphe Favre.

Chevalier (rue Henri)
De la rue de Cuire à la rue du Bois-de-la-Caille. Nom attribué le 25 mars 1957. Antérieurement rue de la Voûte en 1835 car la rue passait sous une maison.
Né à la Croix-Rousse le 24 décembre 1905, il est mort le 2 décembre 1957 des suites de sa déportation à Mauthausen. Maître imprimeur, il fut un grand résistant, imprimant journaux clandestins et fausses cartes d'identité pendant l'occupation.

Clos-Savaron (rue du)
De la rue Henry Gorjus à la rue Henri Chevalier. Nom attribué le 2 mars 1925.
C'est sur la propriété de 8 hectares que posséda de 1645 à 1789 la famille Savaron , barons de Chamousset que fut ouverte cette voie. François Savaron fut échevin de Lyon en 1666.

Corniche (impasse de la)
Tenant rue Niepce. Attesté en 1925.
C'est en 1913 que la Société Anonyme Coopérative des Habitations Hygiéniques à Bon Marché de l'Espérance du Foyer, créée en 1909 à la Croix-Rousse, achète une grande propriété située sur le rebord du Plateau. Pour la lotir elle ouvrira cette voie en corniche.

Couturier (rue Valentin)
Du boulevard des Canuts à la rue Denfert-Rochereau. Nom attribué le 5 mai 1903. Antérieurement : rue Saint-Augustin. Cette voie est ouverte en 1854 sur la propriété du docteur Carron et se nomme ainsi en raison d'une chapelle à proximité.
Né à Vaise le 2 mai 1829, décédé dans le 4ème le 5 mai 1902. Conseiller municipal en 1888, député du Rhône en 1889, il participa à la révolution de 1848, fut emprisonné et gracié sous le Second Empire. Il fut aussi, « dans le civil », employé à la Préfecture et aux ateliers du chemin de fer de Lyon, tisseur et marchand de vins.

Croix-de-Bois (place de la)
Au carrefour des rue Hénon, Denfert-Rochereau et de Cuire. Créée avant 1854.
Jadis certains quartiers de la Croix-Rousse étaient désignés par des croix de couleurs et matières différentes. Croix-Noire sur le chemin de Caluire, Croix-Blanche sur celui de Cuire. La croix en bois a été supprimée en 1885.

Croix-Rousse (boulevard de la)
Du cours Général-Giraud à la rue Audran. Nom attribué en février 1871. Antérieurement boulevard de l'Empereur. Attesté en 1866 et inauguré par l'Empereur Napoléon III le 30 avril 1865. Il occupe l'emplacement des remparts.

Croix-Rousse (grande rue de la)
De la place de la Croix-Rousse à la place J. Ambre. Nom attesté en 1827. Antérieurement : chemin de Bresse, chemin de Lyon à Saint-Trivier.

Croix-Rousse (place de la)
Tenant boulevard de la Croix-Rousse. Nom attribué le 21 septembre 1817. Elle est située en face de la porte des anciens remparts, dans le prolongement de la Montée de la Grande-Côte. Les Croix-Roussiens distinguent deux places. La grande, dominée par la statue de Jacquard et scène de toutes les manifestations conviviales…et autres. La petite, siège du sympathique marché de l'arrondissement et… hélas d'un parking l'après-midi.
Le nom de Croix-Rousse est attesté dès 1515. Une croix du calcaire jaune issue des carrières de Couzon était érigée entre la rue Coste et la Grande Rue de la Croix-Rousse. Disparue en 1881, Gaby Caillet alors maire de la Croix-Rousse, en fit installer une autre ces dernières années.

Cuire (rue de)
De la place des Tapis à la rue Pierre Brunier. Attesté au XIVème siècle. Antérieurement : Grande rue de Cuire en 1831, redevient rue de Cuire le 12 juillet 1919.
Très ancienne rue, elle menait au chef-lieu quand la Croix-Rousse dépendait de Cuire, lui-même rattaché à Caluire.

Cuzin (impasse)
Tenant rue Tabareau au numéro 3. Nom attesté en 1879.
Propriétaire du terrain.

Dangon (rue Claude)
De la rue Philippe de Lassalle à la rue Hénon. Nom attribué le 19 juin 1922. C'est une nouvelle rue.
Né à Lyon. Il est l'inventeur, précurseur de Jacquard, du métier à la grande tire, pour lequel un privilège lui fut accordé en 1605.

Deleuvre (rue Claude-Antoine)
De la rue Henri-Chevalier à la rue Hénon. Nom attribué le 7 avril 1930. Nouvelle rue.
Né à Lyon le 30 janvier 1843, décédé à la Croix-Rousse le 13 mars 1925. On l'appelait le maire de la Croix-Rousse, c'est dire l'attachement à son quartier. Pharmacien, il fut conseiller municipal en 1900.

Denfert-Rochereau (rue Pierre-Philippe)
De la place Edouard Millaud à la place de la Croix-de-Bois. Nom attribué le 20 juin 1878. Antérieurement : chemin de Saint-Vincent à l'Ile Barbe en 1407, rue de l'Enfer en 1827.

Denfert-Rochereau (impasses)
Il y en a 4 dont le nom a été attesté en 1955. Aux 30, 45, 59, 61 bis. Cette dernière, théoriquement passage, traboule avec le 45 de la rue Hénon.
Cette rue est le symbole de l'humour des édiles de l'époque. Ils ont transformé la rue de l'Enfer en rue Denfert-Rochereau. Né en 1823 mort en 1878. Officier, gouverneur de Belfort, il défend la place face aux Allemands. Il est député de Paris en 1876.

Devic (impasse)
Prend rue Hermann Sabran. Nom attesté en 1895.
Origine inconnue.

Dubois (impasse)
Tenant : rue Denfert-Rochereau. Nom attesté en 1876.
Propriétaire riverain.

Dulaar (rue Jérémie, dit Jérôme)
De la rue Denfert-Rochereau à la rue Henry Gorjus. Attribué le 30 septembre 1946. Antérieurement : rue Sibille-Bergeon. À l'angle de cette rue et de la rue Henry Gorjus se situe le point culminant de l'arrondissement : 252 mètres. Né le 31 mai 1867 à Liège, décédé le 21 août 1946. Jérôme Dulaar était un forain qui bien avant les frères Lumière crut au cinéma. C'est ainsi que la vogue de la Croix-Rousse, en 1896, accueilli le « Cinéma Mondain ». Il fit appel à Georges Méliès, embaucha un bruiteur pour l'orage puis un pianiste. Un vrai précurseur.

Dumenge (rue Pierre-Gabriel)
De la rue du Mail à la rue Dumont d'Urville. Nom attribué le 21 septembre 1817. Antérieurement : rue Sainte-Rose en 1845 (prénom de la fille de M. Rey), rue de l'Emancipation en 1849, rue de la Démocratie en 1850, redevient rue Dumange en 1891. Propriétaire.

Dumont (rue)
De la Grande-Rue de la Croix-Rousse à la rue de Cuire. Nom attesté en 1835. Antérieurement : rue de la Solidarité en 1849, redevient rue Dumont en 1852.

Dumont (impasse)
De la Grande Rue de la Croix-Rousse à la rue Dumont. Attesté en 1852. Antérieurement : impasse Chénier en 1849, impasse Dumont en 1850, impasse Dugonnier en 1850, redevient impasse Dumont.
Propriétaire qui en 1822 désire lotir son terrain de 1,5 hectare. Pour cela il veut ouvrir une voie de 5,6 mètres. La mairie refuse taxant ce projet de… vicieux. « 8,56 mètres ! » demande la municipalité. « Non ! » répond Dumont qui perce la rue et un passage étroit.

Dumont-d'Urville (rue Jules)
De la rue Célu à la rue Claudius-Linossier. Nom attesté en 1845. Cette rue de 21 mètres de large devait dans un projet d'urbanisme rejoindre la rue de la République. Elle abritait depuis 1884 l'usine de fabrication de métiers Jacquard mécaniques Verdol.
Navigateur né à Condé-sur-Noireau en 1790, mort le 8 mai 1842 dans la catastrophe du chemin de fer de Versailles.

Dupeyroux (impasse Léopold)
Elle prend au 63 du boulevard de la Croix-Rousse. Nom attesté en 1926.

Duviard (rue Pierre)
Du boulevard de la Croix-Rousse à la rue Jacquard. Puis à partir de la rue Valentin Couturier. Ce qui fait dire aux Croix-Roussiens qui la désignent : la rue Duviard prolongée. Nom attribué le 19 mars 1839.
Le bon docteur Duviard est né en 1782 à Cassaignes dans le Gers et mort à la Croix-Rousse le 24 août 1837. Chirurgien militaire il quitte l'armée en 1815 et vient s'établir dans la commune. Il œuvra au bureau de bienfaisance sans jamais demander aucune rétribution et ce pendant 20 ans.

Entrepôts (rue des)
Du quai Joseph-Gillet à la rue André-Bonin. Nom attribué le 18 mai 1903. Antérieurement : impasse de la Favorite.
C'était une zone portuaire qui abritait des entrepôts, notamment de vins. Cette activité a existé jusqu'à la dernière guerre.

Esses (montée des)
Du boulevard de la Croix-Rousse à la place de Serin. Ouverte avant 1844. Auparavant : chemin de Serin à la Croix-Rousse en 1835. Sa configuration explique tout naturellement son nom.

Falcon (rue)
De la rue Pernon à la place Picard. Nom attribué le 19 juin 1922. Nouvelle rue.
C'est l'inventeur du métier dit à la Falconne au XVIIème siècle.

Ferré (rue Henri-Xavier)
De la rue Pernon à la rue Chazière. Nom attribué le 12 avril 1948. Antérieurement : rue Falcon prolongée. Né à Lyon le 26 juillet 1880, mort à la Croix-Rousse le 8 octobre 1947. Industriel il fut conseiller municipal en 1927, adjoint en 1929 et 1935.

Flammarion (place Camille)
Entre la rue Hénon et la rue Philippe de Lassalle. Nom attribué le 27 juillet 1925. Antérieurement : place Hénon en 1922. Né à Montigny-le-Roi en 1842, mort en 1925 à Juvisy. Astronome créateur de la Société Astronomique de France.

Fontaine (rue de la)
De la rue Eugène-Pons à la montée de la Boucle. Nom attesté en 1827. Antérieurement : rue Lafontaine en 1850, redevient de la Fontaine en 1852. On peut expliquer son nom soit par l'appellation d'un bastion de l'enceinte de Lyon, soit plus simplement d'une fontaine.

Fort (rue Victor-Antoine)
De la place de la Croix-Rousse à la rue de Cuire. Nom attribué le 26 février 1917. Antérieurement : Petite rue de Cuire en 1835, rue Parmentier de 1849 à 1851, redevient Petite rue de Cuire en 1852. Elle est à ce jour la seule rue piétonne du quartier.
Né à Lyon le 12 janvier 1865, décédé à la Croix-Rousse le 29 février 1911. Il est enterré au cimetière de la rue Philippe de Lassalle. C'était un maître imprimeur qui fut conseiller municipal, adjoint et député.

Gare (place devant la)
Tenant : rue de Cuire. Le nom de cette place serait attesté depuis 1955 d'après Maurice Vanario. Paraît être tombé en désuétude.
Jusque dans les années 50 une gare accueillait les gones pour les faire trabouler jusqu'à Sathonay et plus si affinité...

Gigodot (rue)
De la rue de Belfort à la rue Louis Thévenet. Ouverte avant 1842.

Gigodot (impasse)
Tenant : 23 rue de Belfort. Nom attesté en 1860.
L'entrepreneur Gigodot n'a pu poursuivre la rue de 13,66 mètres de large qu'il venait d'ouvrir. Elle restera une impasse.

Gillet (quai Joseph-Louis)
Du quai Saint-Vincent à la rue du Bois-de-la-Caille. Nom attribué le 7 mai 1973. Antérieurement : quai de Serin en 1831. Dès 1853 s'installent ici les usines Gillet proches de la Saône. L'eau étant indispensable pour la teinture.
Né à Lyon le 20 novembre 1843, décédé à Paris en 1923. Industriel qui fonda, après avoir été spécialisé dans la teinture, notamment les flottes en noir, Rhône-Poulenc. La villa de la famille est juste au-dessus, sur la pente, aujourd'hui le parc de la Cerisaie et la villa sont municipaux.

Gloriettes (passage des)
De la montée Rater à la rue Joséphin Soulary. Nom attesté en 1886.
Les gloriettes sont de petites maisons, genre « Sam Suffit » ou même de simples cabanes entourées d'un jardin.

Godart (montée Justin)
De la rue de Belfort à la montée Bonafous. Nom attribué le 8 octobre 1962. Antérieurement : montée Rey en partie.
Né à Lyon le 26 novembre 1871, mort à Paris le 13 décembre 1956. Avocat à la Cour de Lyon, député radical-socialiste, sénateur, secrétaire d'État à la Santé (1916), maire provisoire de Lyon (1944-1945), rédacteur au Lyon Républicain. Mais aussi co-fondateur de la Société des Amis de Lyon et de Guignol, de l'Académie du Gourguillon, de l'Académie de Médecine, auteur de « L'ouvrier en soie ». Catherin Bugnard dans les « Contes Lyonnais des Autrefois ».

Godien (place Adrien)
Du cours d'Herbouville au cours Aristide-Briand (Caluire). Nom attribué le 14 mars 1955. Antérieurement place de la Boucle en 1816. Il y avait là une auberge fort renommée, Napoléon y aurait mangé.
Peintre né à Lyon le 14 mai 1873, décédé à Lyon le 28 juillet 1949.

Gord (impasse)
Tenant au 37 rue Denfert-Rochereau. Nom attesté en 1878. Conduit tout droit au boulodrome des Canuts. Conseiller municipal, architecte et propriétaire d'un grand terrain. Est l'auteur d'un projet d'un plan général de la Croix-Rousse. Un Haussman croix-roussien.

Gorjus (rue Henry-Claude-François)
De la rue Denfert-Rochereau à la rue Hermann Sabran. Nom attribué le 6 juillet 1925. Antérieurement : chemin de Terrenoire (indiqué sur les plans du XVIème siècle), rue de l'Enfance en 1827 (établissements de l'Enfance, pensionnat de jeunes filles et hospice d'aliénés).
Né à Caluire le 31 juillet 1953, décédé à la Croix-Rousse le 2 juillet 1925. Certains le disent représentant, d'autres ouvrier en soie. Reste qu'il fut adjoint au maire de 1904 à 1925, animateur d'œuvres sociales, et que son buste est dans le square à droite de la mairie.

Grataloup (rue)
De la place Tabareau à la rue Denfert-Rochereau. Traité de 21 septembre 1874 fait chez le notaire Dugueyt. Propriétaire du terrain. Il a habité au n°6.

Guillermier (passage)
De la rue Henry Gorjus à la rue Denfert-Rochereau. Attesté en 1923.
Propriétaire.

Guitton (rue)
De la rue Eugène-Pons à la rue Marcrany. Avant 1849 avec l'orthographe Guiton. Antérieurement : Guyton-Morveau en 1850, Guitton en 1853. Propriétaire.

Hénon (rue Jacques-Louis)
De la Grande-Rue de la Croix-Rousse à la rue Chazière. Nom attribué le 8 janvier 1895. Antérieurement : rue des Pères, rue Saint-Denis en 1827. Ce n'est qu'en 1895 que cette rue prend l'aspect qu'elle a actuellement. Né à Lyon le 31 mai 1802 dans l'Ecole Vétérinaire où son père était professeur et directeur adjoint, décédé le 28 mai 1872. Maire de Lyon de 1870 à 1872, il fut un botaniste distingué et d'un abord facile et d'un commerce agréable. En 1843 il représenta son quartier des Brotteaux au conseil municipal de la Guillotière. Elu au corps législatif en 1852, 1857, 1863. Il repose à Montpellier.

Herbouville (cours d')
De la place Louis Chazette à la place Adrien Godien. Nom attribué le 16 juillet et le 4 août 1819. Antérieurement : quai Saint-Clair (de la chapelle Saint-Clair, dépendant d'une recluserie qui s'élevait au bord du Rhône). Ce fut également le chemin Rater du nom du propriétaire. Au n° 1 du cours habitait E. Herriot. Né en1756 et mort en 1829 à Paris. Marquis et pair de France, il succéda comme préfet à Bureau de Puzy de 1806 à 1810 puis remplacé par Monsieur de Bondy. On lui doit ce quai qui fut... jadis... une très belle promenade. La municipalité n'attendit pas sa mort pour l'honorer.

Hoche (montée Lazare)
Du quai Gillet aux Esses. Nom attribué le 19 novembre 1878. Antérieurement : montée Bonaparte en 1853... normal il l'escalada le 25 germinal an 13 soit le 15 avril 1805.
Général de la Révolution né à Montreuil en 1768 mort à Wertzlar en Prusse en 1797.

Isly (rue d')
De la place Tabareau à la rue Jacquard. Nom attribué le 14 août 1854. Antérieurement : rue Constantine en 1839.
Rappelle la victoire de Bugeaud sur les troupes marocaines le 14 août 1844.

Ivry (rue d')
De la Grande-Rue de la Croix-Rousse à la rue Louis Thévenet. Nom attribué le 4 août 1854. Antérieurement : rue Barrée en 1817, rue Henry IV en 1835, rue Sociale en 1849, rue Henry IV en 1852.
Rappelle la victoire d'Henri IV sur les Ligueur le 14 mars 1590.

Jacquard (rue Joseph-Marie)
De la place des Tapis à la rue Philippe de Lassalle. Nom attribué le 9 février 1938. Elle commencera à être percée en 1840 et n'aura son tracé actuel qu'après 1877. Né dans la paroisse de Saint-Nizier le 7 juillet 1752, décédé à Oullins le 7 août 1834. Certes son invention supprima des emplois mais l'amélioration du métier de Vaucanson fut considérable. D'autant qu'un peu plus tard ce nouveau procédé augmenta leur nombre. N'empêche, son métier modèle fut vendu publiquement au vieux bois et au vieux fer sur la place des Terreaux et en apprenant sa mort seuls les tisseurs de Rouen placèrent sur les métiers des crêpes funèbres.

Janin (rue)
De la Grande-Rue de la Croix-Rousse à la rue de Belfort. Nom attesté en 1831
Propriétaire du terrain ou boulanger qui habitait à l'angle de la Grande Rue au XIIIème siècle.

Jullien (rue Jean-Thomas-Edouard)
De la montée Georges Kubler à la rue Eugène Pons. Nom attribué le 9 juillet 1923. Antérieurement : rue Chaumais en 1838 (Entrepreneur et propriétaire d'un clos qui comprend les actuelles rues Artaud, des 3 enfants, Ruplinger, St-Dié, le haut de la rue Eugène Pons).
Né le 4 décembre 1854 à Lyon 4ème, décédé à Ville-d'Avray le 3 septembre 1919. Auteur dramatique, influencé par Ibsen il voulait qu'une pièce de théâtre soit une tranche de vie sur scène.

Kubler (montée Georges-Jean-Gaspard)
De la rue de Belfort à la rue Ruplinger. Nom attribué le 28 juin 1952. Antérieurement : montée Mazagrand en 1853.
Né le 1er mai 1913 à Chambéry, mort au camp d'Elbrich en Allemagne le 15 février 1945. Officier de police, membre dans la résistance du réseau Gallia. Il fut arrêté par la Gestapo le 14 août 1944.

Lamure (passage)
De la rue du Mail à la rue de Belfort. Nom attesté en 1847. Propriétaire.

Lassalle (rue Philippe de)
Du boulevard de la Croix-Rousse à la rue Herman Sabran. Nom attribué le 9 août 1909. Antérieurement : chemin de Garenjart en 1349, rue Saint-Pothin en 1831. Né à Seyssel (dans l'Ain ou en Haute-Savoie ?) le 23 septembre 1723, décédé à Lyon le 27 janvier 1804. Fabricant, créateur de tissus d'ameublement et de portraits sur soie.

Lebrun (rue Charles-François)
De la montée du Boulevard à la rue Justin Godart. Nom attribué le 4 août 1854. Antérieurement : rue Sainte-Catherine en 1831, rue Bernard-Palissy en 1849, rue Sainte-Catherine en 1850, rue Mongé en 1850, rue Sainte-Catherine en 1852. Né à Saint-Sauveur dans la Manche en 1739, décédé le 16 juin 1824 à Sainte-Nesme en Seine-et-Oise. Duc de Plaisance, il fut le troisième consul après le 18 brumaire. Il a fondé en 1805 un prix destiné aux inventeurs de procédés utiles intéressant l'industrie de la soie.

Linossier (rue Claudius)
De la rue Tour-du-Pin à la rue Louis Thévenet. Nom attribué le 2 mars 1959. Antérieurement : rue du Sentier en 1845, rue du Christianisme en 1849, rue du Sentier en 1852.
Né le 21 novembre 1893 dans le 4ème, décédé le 8 octobre 1953 dans le 4ème. Dinandier célèbre et bienfaiteur de la ville.

Loge (impasse de la)
Tenant au 61 rue de Cuire. Nom attesté en 1882. Origine inconnue... et c'est bien dommage.

Mail (rue du)
De la rue Pailleron à la place de la Croix-Rousse. Nom attribué le 21 septembre 1817. Son nom vient du jeu qui consiste à pousser avec un petit maillet muni d'un long manche, une boule de bois. Vraisemblablement ce sport devait se pratiquer près des remparts, donc au sud de la rue.

Marie-Henriette (rue)
Tenant : rue de Cuire. Attesté en 1933. Encore un propriétaire amoureux de sa femme. Monsieur Maunard exigea que cette rue sans issue portât le prénom de sa douce.

Mascrany (rue)
De la rue du Professeur Vallas à la rue Joséphin Soulary. Nom attribué le 4 août 1854. Antérieurement : rue Jean-Bart en 1849, rue Spartacus en 1850, rue Camille-Jordan en 1852. Famille d'origine italienne installée à Lyon aux XVIème et XVIIème siècle. L'un des membres de cette famille signa en tant qu'échevin le vœu dédiant Lyon à la Vierge en 1643.

Millaud (place Edouard)
Tenant : boulevard de la Croix-Rousse. Nom attesté en 1930.

Millaud (rue Edouard)
Tenant : rue Claude-Joseph Bonnet. Dénommée le 5 août 1912. Antérieurement : rue projetées des Tapis. Né à Tarascon le 13 octobre 1838, décédé à Lyon en 1912. Avocat, procureur général, ministre des travaux publics, radical-socialiste. Il fit un legs à la ville dont les intérêts sont destinés à récompenser un couple de jeunes mariés croix-roussiens. Mais où sont-ils passés, ces intérêts ?

Mouchet (impasse)
Tenant : 11 rue Bély. Attesté en 1851. Propriétaire... peut-être.

Niepce (rue Joseph Nicéphore)
De la rue Chazière au quai Gillet. Nom attribué le 30 octobre 1911. Très pratique à une époque pour les pêcheurs se rendant sur la Saône. Elle est à ce jour fermée pour des raisons de sécurité, paraît-il. Dommage...
Né et mort à Chalon-sur-Saône (1765-1833). Il fut l'inventeur de la photographie.

Nord (rue du)
De la Grande-Rue de la Croix-Rousse à la rue de Cuire. Nom attribué le 9 novembre 1854. Antérieurement : rue Pacard, rue Caquerelle en 1831, rue Monge en 1849, rue du Nord en 1850, rue Caquerelle en 1852. Sous entendu, du nord de la Croix-Rousse.

Nuits-Saint-Georges (rue de)
De la rue du Mail à la rue Louis Thévenet. Nom attribué le 19 novembre 1878. Antérieurement : rue de la Visitation en 1835, rue des Droits de l'Homme en 1849, rue de la Constitution en 1850, de la Visitation en 1852. En souvenir du combat du 18 décembre 1870, à Nuits Saint-Georges. Bataille perdue dans laquelle étaient nombreux les mobiles de la Légion du Rhône. Le commandant Arnaud en fut une victime indirecte.

Pailleron (rue)
De la Grande Rue de la Croix-Rousse à la rue de Belfort. Nom attribué le 20 juin 1836.
Du nom des époux propriétaires. Courageux Pailleron résista à la foule qui voulait s'emparer d'un magasin de poudre dont il avait la garde.

Pavillon (rue du)
De la rue d'Austerlitz à la rue Dumenge. Nom attribué le 21 septembre 1817.
Elle porte le nom du logis des officiers du Gymnase militaire tout proche.

Pelletier (rue)
De la rue de Cuire à la rue Denfert-Rochereau. Nom attesté en 1853. Antérieurement : rue de la Jacquerie en 1849.
Nom du propriétaire… qui n'est autre que l'arrière-grand-père de Jean Pelletier remarquable auteur de « Lyon pas à pas ».

Pernon (rue Camille)
De la rue Hénon à la rue Pillement. Nom attribué le 19 juin 1922.
Né en 1753 et décédé le 14 décembre 1808 à Sainte-Foy-lès-Lyon. Fabricant de soierie, adjoint au maire, administrateur des Hospices, ami de Philippe de Lassalle

Perret (passage Claude-Louis)
Tenant : rue de Belfort. Nom attesté en 1955. Antérieurement : passage Igre ouvert avant 1854.
Né le 18 juin 1886 à la Croix-Rousse, administrateur du patronage laïque, résistant, mort à Dachau le 1er février 1945.

Perrod (rue Jean-François)
De la place des Tapis à la rue d'Isly. Nom attribué le 1er septembre 1838. Antérieurement : rue Perrot (nom de l'entrepreneur propriétaire d'un terrain de 3 hectares, ancienne propriété du jardinier Burel, entre le boulevard, la rue Denfert-Rochereau et la rue de Cuire.)
Médecin croix-roussien, généreux donateur. Ses maisons léguées à la ville et vendues en 1855 financeront le tiers de l'achat des terrains nécessaires à l'hôpital.

Philippeville (rue)
De la rue des Trois-Enfants à la rue de la Fontaine. Nom attesté en 1854. Ville d'Algérie aujourd'hui Skikda.

Picard (place Pascal-Joseph)
De la rue Dangon à la rue Jean Revel. Nom attribué le 19 juin 1922.
Né à Louhans en 1748, décédé à Lyon le 22 juillet 1808. Dessinateur en soierie et membre de la Chambre de Commerce.

Pillement (rue Jean)
De la rue Philippe de Lassalle à la rue Pernon. Nom attribué le 19 juin 1922.
Né le 24 mai 1728 dans la paroisse de Saint-Paul, décédé à Lyon le 25 avril 1808. Peintre paysagiste qui obtint les titres de peintre du roi de Pologne et de Marie-Antoinette.

Pize (rue Louis)
De la rue Philippe de Lassalle à la rue Pétrus-Sambardier. Nom attribué le 21 juin 1982.
Né le 18 mai 1892 à Bourg-Saint-Andéol, décédé le 4 septembre 1976 à Saint-André-en-Vivarais. Poète, membre de l'Académie de Lyon.

Pons (rue Eugène)
De la rue Artaud à la place Adrien Godien. Nom attribué le 26 novembre 1945. Antérieurement : montée de Dijon en 1878. Né le 15 mai 1886, mort déporté au camp de Neuengamme le 24 février 1945. Imprimeur, il se mit au service de la Résistance en tirant sur ses presses de nombreux journaux clandestins pendant l'occupation.

Rater (montée Antoine)
De la rue Justin Godart au cours d'Herbouville. Nom attribué en 1924. Antérieurement : fraction de la montée Rey. Né à Lyon le 26 avril 1729, décédé le 4 août 1794 à Miribel. Architecte, il fut en compagnie de Munet et Soufflot le créateur du quartier Saint-Clair et du cours d'Herbouville.

Revel (rue Jean)
De la rue Henry Gorjus à la rue Philippe de Lassalle. Nom attribué le 9 janvier 1911. Antérieurement : Petite rue Saint-Pothin en 1831.
Né le 6 août 1684 à Paris, décédé le 5 décembre 1751 à Lyon. Il était le fils d'un artiste de l'atelier de Lebrun, il s'installe à Lyon de retour d'Italie en 1710. Marié à une fenotte il devient dessinateur en soierie. Il est l'inventeur du « berclé » ou « points rentrés », procédé permettant d'obtenir des dégradés dans les couleurs.

Ribot (rue Alexandre)
De la rue Chazière à la rue de la Corniche. Nom attribué le 3 septembre 1923.
Né à Saint-Omer le 7 février 1842, décédé à Paris en 1923. Jurisconsulte, ancien substitut au tribunal de la Seine en 1870, directeur des Affaires criminelles au Ministère de la Justice (1875), ministre des Affaires étrangères (1892), de l'Intérieur (1893), des Finances (1895 et de 1914 à 1917, créateur des bons de la Défense Nationale, quatre fois président du Conseil (1892, 1893, 1895, 1917). Républicain. Si son nom apparaît à la Croix-Rousse, c'est qu'il fut d'un soutien constant aux associations d'Habitations Bon Marché qui furent les créatrices du quartier.

Richan (passage Hilaire-Philippe)
De la Grande-Rue de la Croix-Rousse à la rue de Belfort. Nom attribué le 5 octobre 1914. Antérieurement : passage du Gaz, ouvert avant 1854.

Richan (rue Hilaire-Philippe)
De la rue de Belfort à la rue Louis Thévenet
Né à Lyon le 15 juin 1790, décédé à Lyon le 5 avril 1839. Négociant, propriétaire et maire de la Croix-Rousse du 10 août 1830 au 29 janvier 1832.

Rosset (rue Antoine)
De la rue de Cuire à la Grande Rue de la Croix-Rousse. Nom attribué le 27 janvier 1930. Antérieurement : rue Gigodot prolongée. Né à Lyon le 4 décembre 1831, décédé dans le 3ème le 12 juillet 1896. Bienfaiteur de la ville.

Roussy (rue Philibert)
Du boulevard de la Croix-Rousse à la rue Jacquard. Nom attribué le 4 mars 1870.
Né le 28 juin 1796 à Saint-Amour dans le Jura, décédé à Lyon 3ème le 18 mai 1863. Chef d'atelier dans une maison de soierie, membre du conseil des Prud'hommes, il trouva plusieurs perfectionnements concernant la fabrication des étoffes façonnées. Le régulateur-compensateur par exemple. D'autre part en 1848, il reçut de

la Chambre de Commerce une prime de 500 francs pour avoir inventé un frein pour wagon. Décoré de la Légion d'Honneur il termina sa vie comme archiviste aux Prud'hommes.

Ruplinger (rue Jean-Baptiste-André)
De la rue Jean Jullien à la rue Vallas. Nom attribué le 17 juillet 1916. Antérieurement : rue Sainte-Marie en 1845, rue Jeanne d'Arc en 1850, redevient rue Sainte-Marie en 1851.
Né à Lyon 3ème le 14 juillet 1889, tué à Bruderdorf en Alsace le 20 août 1914. Ancien élève de l'Ecole Normale, agrégé de lettres, il était professeur au lycée de Lyon avant sa mobilisation.

Sabran (rue Hermann)
De la rue Philippe de Lassalle à la rue Henry Gorjus. Nom attribué le 2 avril 1962. Antérieurement : ruelle de Tarentaise, rue du Cimetière en 1835. Le cimetière fut créé en 1823.
Né le 31 août 1837, décédé le 25 octobre 1914 à Lyon dans le 6ème. Avocat à la Cour d'Appel de Lyon, président des Hospices Civils de Lyon. En mémoire de sa fille décédée à l'âge de 9 ans, il fonda l'hôpital Renée Sabran dans la presqu'île de Giens qui accueille des enfants.

Saint-Dié (rue de)
De la rue Georges Kubler à la rue Eugène Pons. Nom attribué le 7 mai 1917. Antérieurement : rue Sainte-Anne en 1853.
En souvenir des combats de 1917.

Saint-Eucher (rue)
De la rue Eugène Pons à la montée de la Boucle. Nom attesté vers 1840.
Né en 370, décédé en 450 à Lyon. Sénateur romain, préfet de Gaule, époux d'une « fenotte » gauloise, il se retira avec ses quatre enfants à Lerins et à l'île Sainte-Marguerite pour prier. De retour à Lyon en 435, il fut élu évêque.

Saint-Jacques (place)
De la rue Célu à la rue Justin Godart. Nom attesté en 1853.

Sambardier (rue Pétrus)
Tenant : rue Hénon. Nom attribué le 18 décembre 1961.
Né à Régnié-en-Beaujolais le 21 février 1875, décédé le 5 février 1938. Journaliste au « Réveil républicain », à la « Vie Lyonnaise », au « Salut public ». « il a promené incessamment dans les rues de Lyon, sa probité candide et tranquille » a écrit Edouard Herriot. Chroniqueur de la vie lyonnaise passée et présente, dévoué à la

Fédération Républicaine. Ses chroniques écrites sous le nom de Pétrus Batillon ont été réunies après sa mort dans « La vie à Lyon de 1900 à 1937 » illustrée par Eugène Brouillard. Co-fondateur des Amis de Guignol, membre de l'Académie de Lyon et de l'Académie du Gourguillon.

Serin (place de)
Tenant : avenue de Birmingham. Nom attesté en 1835.s
Viendrait soit de « serein », soit d'un lieu-dit ancien dérivant de la propriété d'un gone gallo-romain dénommé Serenus !

Soulary (rue Joséphin)
De la rue de Belfort à la place Adrien Godien. Nom attribué le 18 août 1891. Antérieurement : rue des Gloriettes en 1827.
Né à Lyon le 23 février 1815, décédé à la Croix-Rousse le 28 mars 1891. Poète, appartenant à la famille Solari de Gêne, les importateurs de velours brochés d'or mais hélas ruinée, il fut enfant de troupe. Remarqué par Waisse, il travailla à la Préfecture et devint chef de division. On lui doit « Les cinq cordes du Luth », « Ephémères », « Le cantique du roi Guillaume ». « Sonnets humoristiques », « La chasse aux mouches d'or ». Il habitait au numéro 8.

Tabareau (place Charles-Fleury)
Tenant : boulevard de la Croix-Rousse. Aboutissant : rue d'Isly. Nom attribué le 4 mars 1870.

Tabareau (rue Charles-Fleury)
Du boulevard de la Croix-Rousse à la place Tabareau.
Né à Béziers en 1790, décédé à Lyon le 15 août 1866. Professeur de physique à la Faculté des Sciences, il fut celui qui organisa l'école de la Martinière. Il réussit à convaincre le maire, Lacroix-Laval, d'utiliser le legs du Major Martin à la création d'un centre de formation de chefs d'atelier. Pour ce public différent de celui des lycées il mit au point une méthode pédagogique fondée sur l'activité et l'initiative. Une méthode basée sur la rigueur de l'observation.

Tapis (impasse des)
Tenant au 2 de la rue Jacquard. Nom attesté en 1854.

Tapis (place des)
Du boulevard de la Croix-Rousse à la rue de Cuire. Attesté en 1854.
Aucuns tapis vendus mais des talus… tapissés d'herbe aux pieds des remparts.

Terrasse (rue de la)
Du boulevard de la Croix-Rousse à la place des Tapis. Nom attesté en 1831.
Justifiait son nom quand la gare de la Croix-Rousse existait encore. Elle aurait tout aussi bien pu s'appeler rue du terre-plein.

Thévenet (rue Louis)
De la rue Joséphin Soulary à la rue Richan. Nom attribué le 18 octobre 1937. Antérieurement : rue Denis Papin, rue Saint-Joseph en 1849, Petite rue des Gloriettes en 1850.
Né à Lyon le 15 juillet 1851, décédé à la Croix-Rousse le 24 février 1936. Adjoint au maire de 1892 à 1900, ancien maire de Vourles, juge au Tribunal de Commerce. Il légua une partie de sa fortune à la ville.

Tour-du-Pin (rue de la)
De la rue Claudius Linossier à la rue Eugène Pons. Nom attribué le 17 février 1855. Antérieurement : rue Saint-Pierre en 1845, rue de l'Industrie 1849, rue Jean-Bart 1850, rue Saint-Pierre 1852.
Origine inconnue… Pourquoi le nom de la commune de l'Isère ? Il y a là, une rue à prendre.

Trois Enfants (rue des)
De la montée de la Boucle à la rue Eugène Pons. Nom attesté en 1853.
Pourquoi pas la naissance de triplés ?

Vallas (rue du professeur)
De la rue Eugène Pons à la rue Ruplinger. Chirurgien de l'Hôtel-dieu.

Vallon (chemin du)
De la rue Hermann Sabran à la rue du Bois-de-la-Caille. Nom attesté en 1854.
Ce chemin s'enfonce dans cette petite vallée qui rejoint le bois de la Caille.

Vert (chemin)
De la rue de Chazière à la rue de la Corniche. Nom attesté en 1927.
Par chance l'environnement justifie encore ce nom.

Viard (impasse)
Tenant Grande Rue de la Croix-Rousse. Nom attesté avant 1849. Antérieurement : impasse Adolphe Boyer en 1849, redevient impasse Viard en 1852. Propriétaire.

Villeneuve (rue de)
Du boulevard de la Croix-Rousse à la rue Valentin Couturier. Nom attribué le 4 août 1854. Antérieurement : rue Sully en 1839.
Souvenir du boom immobilier du milieu du XIXème siècle quand furent construits les immeubles canuts.

Ypres (rue d')
Du quai Gillet à la rue Philippe de Lassalle. Nom attribué le 30 novembre 1914.

Ypres (impasse)
Au 10 de la rue d'Ypres. Nom attesté en 1955.
Ville de Belgique où se déroulèrent de violents combats pendant la guerre de 14-18. Tristement célèbre du fait de l'utilisation d'un gaz asphyxiant.

SQUARES ET JARDINS PUBLICS
Square du docteur J. Bouvier. Rue Hénon.
Square Ninon Vallin. Rue Delœuvre
Jardin Ferré. Rue Hénon.
Parc de la Cerisaie. Rue de Chazière.
Parc Francis Popy. Rue Henry Gorjus

BIBLIOGRAPHIE
L. MAYNARD - « Rues de Lyon » Jean Honoré Editeur, 1986.
M. VANARIO - « Les rues de Lyon à travers les siècles » E.L.A.H.
OUVRAGE COLLECTIF-JEAN-PIERRE GUTTON - « Les Lyonnais dans l'Histoire ». Privat.
J. PELLETIER - « Lyon pas à pas » Horvath.
F. BENOIT - « Ces Lyonnais étranges » Horvath.
J. BARRE - « La colline de la Croix-Rousse» E.L.A.H.

Quelques personnalités des cimetières de la Croix-Rousse

Les deux cimetières abritent un certain nombre de personnalités qui ont marqué leur époque et dont l'œuvre, pour quelques-uns, perdure encore aujourd'hui.

Dans le nouveau cimetière :

Monument funéraire Vetter : famille dans l'importation de bois précieux. Monument réalisé par plusieurs prix de Rome dont Roux-Spitz, architecte à qui l'on doit la Poste de la place Antonin Poncet et le Théâtre de la Croix-Rousse.

Tony Garnier : 1869-1948 : architecte.

Carrand Louis : 1821-1899 : peintre.

Joannès Ambre : 1915-1984 : avocat et homme politique.

Antoine Moritz : 1912-1980 : créateur du théâtre de Guignol du parc de la Tête d'Or.

Olivier Roger : 1930-1986 : fondateur du Petit Croix-Roussien.

Irène Tunc : Décédée en 1972 : Miss France puis actrice.

Georges Salendre : 1890-1985 : sculpteur et CM de Lyon (Veilleur de pierre, médaillon d'Herriot à Loyasse, Chant des Canuts, Christ de Grange Blanche etc…

Kraus : Député.

Janssen : 1863-1938 cantatrice spécialiste de Wagner.

René Brot : Résistant et défenseur des droits des sourds de guerre.

Auguste Pinton : 1901-1984 : Homme politique, ministre des transports.

Nathalie Avoscan : Fille du sculpteur qui réalisa entre autre la sculpture de la station de métro Bellecour.

© Robert Luc

Victor Faure : 1865-1911 : maître imprimeur, conseiller municipal, adjoint député.

Henry Gorjus : 1853-1925 : représentant, conseiller municipal, adjoint du 1er et 4ème. Buste sur le boulevard de la Croix-Rousse. À l'origine de la cité Pernon.

Joséphin Soulary : 1815-1891 : poète.

Curés de Saint Denis et Saint Augustin : le père Nicot célébra une messe pour deux canuts morts pendant la révolte de 1831.

Edouard Charret : 1905-1984 : expert économique, Résistant, député de la Croix-Rousse.

Tobie Robatel : 1850-1935 : Ingénieur, administrateur de l'asile de Bron, président de la Chambre syndicale de la Métallurgie.

Pierre Blanc : 1837-1901 : Pharmacien, administrateur de la Martinière, maire du 1er arrondissement en 1870 (révoqué par le préfet Ducrot).

Senis Mir : créateur du jardin extraordinaire du 87 de la Grande-Rue de la Croix-Rousse, le jardin Rosa Mir.

Dans le cimetière ancien :

Alain Chapel : cuisinier.

Les cendres de la **Marie-Thé** au jardin du souvenir. Célèbre cuisinière.

Gigodot : Famille croix-roussienne. Une rue porte son nom. Un des plus vieux caveaux du cimetière.

Pierre Dupont : 1821-1870 : Chansonnier auteur des « Bœufs ».

Les parents d'Edouard Herriot

Commandant Arnaud : 1831-1870 : canut ferrandinier, franc-maçon, commandant des Volontaire du Rhône, fusillé au Clos Jouve.

Roger Duplat : disparu dans l'Himalaya.

Gignoux : enfant lapidé en 1937.

Barodet : 1823-1906 : député, sénateur, maire de Lyon.

Teppaz : industriel.

Valentin Couturier : 1829-1902 : conseiller municipal, député du Rhône.

Germain Vallier : sénateur mort en 1883. Il fut un ami de Sébastien Commissaire.

60ème anniversaire de la Libération de Lyon

Texte lu le 3 septembre 2004 sur le parvis de la mairie croix-roussienne

Des questions… vous avez raison. Nous n'allons pas ce soir répondre point par point à toutes. Simplement évoquer cette période, redonner à des lieux et des rues croix-roussiennes la signification de leur identité, saluer la mémoire de ceux qui ont offert leur temps, leur vie pour que nous soyons libres ; permettre que se tisse un vrai dialogue entre vous et ceux qui ont vécu leur jeunesse dans ces années de peur, de larmes, de courage et d'espoir.

Faut être juste… exact… précis. L'Histoire celle avec un grand H se doit d'être vérité. Des dates… des faits… oui… C'est l'Histoire de la France… c'est-à-dire celle de femmes, d'hommes, d'enfants…

Derrière la chronologie des événements, derrière les discours et faits d'armes,

Derrière les grandes figures de cette époque,

Il y a le quotidien,

Une population qui souffre,

Une population qui travaille

Qui se précipite dans les abris quand les sirènes hurlent,

Une population qui fait la queue devant la boulangerie en comptant ses tickets de rationnement,

Une population parmi laquelle certains trahissent par peur ou par conviction, pendant que d'autres se glissent dans les rues obscures en cachant des tracts appelant à la résistance.

Il y a ceux qui traficotent,

Ceux qui s'enrichissent, ceux qui ont faim, ceux que l'on rafle et déporte, ceux qui partent au maquis, ceux que l'on exécute.

Je ne me souviens pas… je n'étais pas là, pas encore là tout au début… mais j'ai lu, j'ai vu les images qui bougent et celles qui sont fixes, j'ai rencontré, j'ai écouté. Alors je m'approprie leurs souvenirs… vos souvenirs… je les fais miens… mais c'est eux qui vous les offrent.

Avant de danser et chanter, avant de fêter comme il se doit la liberté retrouvée il y a 60 ans, ici sur le boulevard de la Croix-Rousse, souvenons-nous…

Le 2 septembre 1944 à 4 h du matin l'armée allemande commence de faire sauter les péniches sur la Saône

C'est à la Croix-Rousse que je pense, la Croix-Rousse en 1940.

On est en juin et les martinets stridents rayent de noir le ciel. Ils vont rester tout l'été. Nous sommes en juin et il fait chaud. C'est le soir. Il fait soif. L'homme en tricot de corps blanc transpire. Une sale nuit l'attend. Fait trop chaud. Il va encore se retourner cent fois sur les draps qui sentent la sueur. Nous sommes en juin. Le 18 juin. L'homme est comme les autres il n'entend pas. Qui aurait l'idée de se brancher sur une radio anglaise. Il n'entend pas. Pas ce soir-là. Plus tard, on lui dira…

19 juin 1940. À 3 heures de l'après-midi la grande Rue de la Croix-Rousse avait son allure d'aujourd'hui. Ni plus ni moins qu'une après-midi de juin, sans bousculade sur les trottoirs. Pourtant… Pourtant comme l'air paraît lourd. Chargé de je ne sais quoi… Un curieux sentiment…. Je ne sais pas… La grande aiguille de l'horloge de l'église Saint-Denis marque la demi-heure. 15 h 30. L'armée Allemande entre à Lyon par la Croix-Rousse…

Plus rien ne sera comme avant.

Le 2 septembre 44 à 8 heures les Allemands font sauter les ponts sur le Rhône. Les FFI pénètrent sur la rive gauche.

Peut-être un petit air d'accordéon comme dans les films pour souligner la joie… non pas encore.

Dans la nuit d'aujourd'hui une soirée ardéchoise me revient en mémoire. J'ai dix ans et face moi, de l'autre côté de la longue table paysanne se tient un bout de femme, pâle, maigre, des yeux de braise. Mais je ne vois qu'une seule chose. À l'intérieur de son bras nu un nombre est inscrit. « Elle était à Dachau » me murmure ma mère. Je ne sais pas encore combien ce bras blanc, fragile, témoigne de l'indicible.

Le 25 juin 40 : l'armistice entre en vigueur.

Dans la nuit du 6 au 7 juillet : le bruit des bottes s'éloigne au nord, Lyon se trouve en zone « libre », un adjectif qu'il convient de murer entre deux guillemets.

Le 16 juillet : Pétain abolit la mention de république française, le conseil municipal de Lyon est remplacé par une délégation spéciale et le 2 octobre paraît le statut des juifs dû à l'initiative de Vichy :

« Est « juif » tout Français ayant trois grands-parents juifs ou deux si son conjoint est également juif. » Les juifs sont désormais exclus de la politique, de l'administration, de la presse, du cinéma… ceux qui exercent ces fonctions sont révoqués. Pétain peut rendre sa copie à Hitler au cours de l'entretien de Montoire sur le Loir.

Le 20 juillet 41 : on recense les juifs du département du Rhône.

Le cinéma La Perle, 8 place de la Croix-Rousse (aujourd'hui le Quick) est placé sous administration. C'est l'aryanisation.

Le 29 mai 42 : obligation du port de l'étoile jaune en zone occupée et le 20 août 42 c'est le début des grandes rafles. Le 23 octobre et puis le 9 février 43 au 12 de la rue Sainte Catherine, ils sont 80 à être arrêtés et déportés dans les camps nazis. L'extermination programmée, l'horreur méticuleusement organisée fonctionne parfaitement. On continue à rafler le 30 août 43, le 17 décembre, le 25 avril 44. L'humanité est blessée… pour toujours. Elle saigne encore…

Que l'on cesse de croire que les juifs attendaient les bras croisés leurs bourreaux. La Croix-Rousse en est témoin. **Le 6 juin 1942** se constitue à Lyon le premier état-major FTP juif. La réunion se déroule au 55 du boulevard. Il y a là : Jacques Ravine, Albert Kugler, Leibtche, Kutin, Michel Fred, Simon Frid, Francis Schaposchnik, Jean Tancerman, Emile Teper.

Dans la matinée du 2 septembre 44 les FFI et des éléments américains préservent le viaduc du chemin de fer de Perrache sur le Rhône.

J'aimerai voir de petites notes d'une valse musette coiffée d'une casquette et les jupons colorés qui tournent sur les pavés… Pas tout de suite… Se souvenir, comprendre.

Alors, tous les Français derrière le maréchal ? Beaucoup certes, comment le nier… mais comment ne pas se souvenir de la manif des étudiants le 11 novembre 40 à l'Arc de Triomphe et plus près de nous, dans le temple protestant de la rue Lanterne, résonne la voix du pasteur Roland de Pury à la fin d'une cérémonie : « Recevez la bénédiction de Dieu au nom du juif Jésus Christ. »

En mars 41 : Paul Gouailhardou 30 ans, Jean–Louis Curvat 38 ans et Jean Thorelle 26 ans constituent des groupes paramilitaires pour le secteur qui s'étend de la Croix-Rousse à Neuville. Ils sont 150. Paul Gouailhardou ne connaîtra pas la libération de Lyon. Il sera fusillé le 3 janvier 44 à Neuville.

Dans la journée du 2 septembre, les jeeps du 1er bataillon de la Légion Etrangère arrivent sur les hauteurs Ouest de Lyon.

Oui… tu as raison… cet air-là…

Amis, entends-tu le vol noir des corbeaux sur la plaine ?

Ces cris sourds du pays qu'on enchaîne.

C'est l'alarme.

Ce soir l'ennemi connaîtra le prix du sang et des larmes…

Le 14 octobre 1942 : une bombe explose dans la nuit, au 2 de la rue Célu.

Le 2 janvier 43 à 19 h 15 : c'est l'école Jacquard transformée en caserne qui est visée.

Le 15 octobre à 21 h 30 : explosion au 1 de la rue du Mail, 1 mort.

Le 19 à 2 heures du matin : une bombe 14 rue Dumont.

Le 20 à 1 h : bombe à l'épicerie du 13 de la rue de Belfort.

Le 23 octobre : de nouveau le 14 de la rue Dumont explose.

Le 26 octobre à 20 h : bombe au 37 du cours d'Herbouville.

28 octobre à 23 h 45 : bombe à la bonneterie 28 Grande Rue de la Croix-Rousse.

25 novembre à 23 h 15 : une bombe à la graineterie 11 place de la Croix-Rousse.

21 décembre à 1 h du matin : une bombe à la teinturerie 154 boulevard de la Croix-Rousse et cette même nuit au Tisseur, 10 place de la Croix-Rousse.

Le 19 juin 44 à 22 h 50 : une bombe explose à l'épicerie du 11 de la rue Claude Joseph Bonnet.

Le 26 juillet à 21 h : un homme tombe sous les balles d'un revolver de la Résistance devant le 11 de la rue de Cuire,

Le 19 août à 22 h 45 : des bombes sont lancées contre des camions allemands boulevard de la Croix-Rousse…

Occupants, collabos… parfois méprise, de toute façon du sang et des larmes…

Le 2 septembre 1944 à 14 h : Alban Vistel prend possession de la préfecture

Attends ! Pas tout de suite l'air d'accordéon. Ne lis pas ces notes imprimées…

Nous sommes le 22 mai 1944, un homme referme le portail de sa maison du 2 de la montée de Dijon. C'est Eugène Pons, il a 58 ans, marié, père de 7 enfants. Il est imprimeur. Son imprimerie La Source est sur les pentes de la Croix-Rousse, 21 rue de la Vieille Monnaie (rue René Leynaud) Membre du Sillon et de Jeune République il commence à travailler pour la Résistance en fabriquant des faux papiers et des tracts. La première action importante est la réalisation du tract, imaginé par Jean Stetten-Bernard pour apporter une réponse aux interrogations du président Roosevelt sur la capacité des Français à résister. Fin 41 il diffuse Les Cahiers de Témoignage Chrétien et il imprime outre les Cahiers, Franc-Tireur, Combat, le faux Nouvelliste, Les Cahiers Politiques du CGE, les publications du MUR. Tous ces travaux s'effectuent en dehors des heures normales de travail, du samedi matin au dimanche soir. L'équipe est composée de Pierre Barnier (son gendre) d'Henri –Fernand Vernier (chef d'atelier et linotypiste), Charles Planchet (ouvrier de l'imprimerie), de Germaine Philippon, Marcel Colin et des étudiants : Fernand Belot, Alphonse Drogou, les frères Miguet. Le 22 mai 44 la police l'arrête avec Charles Lang (ouvrier d'origine Alsacienne) et Gaston Guillaume (étudiant) Interrogé par la gestapo il est mis à part avec d'autres pour être relâché car la perquisition de l'imprimerie n'a rien donné. Charles Lang, considéré comme allemand est gardé prisonnier. Eugène Pons pour avoir protesté, rejoint le groupe des prisonniers. Interné à Montluc, il est transféré au début de juillet dans le camp de Compiègne puis déporté dans le camp de Neyengamme. Il meurt d'épuisement.

Le 2 septembre 1944 à 16 h : Yves Farge commissaire de la République arrive à la Préfecture

La petite Hélène… Elle n'a que quelques mois, c'est un bébé. Son père pense souvent à sa petite fille. À la prison de la santé, il est deux heures du matin. L'homme écrit. Avant même que la phrase s'impose plus tard, il se fait un devoir de transmettre, d'expliquer. Il écrit à sa petite fille :

« Ma petite Hélène. Lorsque tu liras cette lettre ton petit cerveau commencera sans doute à comprendre la vie. Tu regretteras de ne pas avoir à tes côtés ton papa et ta maman. Mon Hélène, tu dois savoir un jour pourquoi ton papa est mort à vingt et un ans, pourquoi il s'est sacrifié, pourquoi il a fait semblant

de t'abandonner. Je t'ai aimée avec tout l'amour paternel dont un homme peut-être capable. J'avais fait de beaux rêves d'avenir pour toi. Je ne suis plus jamais mais j'ai confiance dans ta maman qui saura me remplacer auprès de toi… Ma petite Hélène, il est deux heures, il faut être prêt. Il faut me dépêcher. Écoute et respecte mes volontés ? Dans tout ce que tu feras dans la vie respecte ta mère, respecte le souvenir de ton père. Si un jour, tu manquais de respect à ta maman, sache que si je pouvais l'apprendre, je sortirais de la tombe pour te le reprocher. Apprends à connaître les raisons pour lesquelles je suis tombé. Apprends à connaître ceux qui t'entourent et juge les gens non d'après ce qu'ils te diront, mais d'après ce que tu les verras faire. Aie la volonté, l'ambition de devenir. Aie l'esprit de sacrifice pour les choses nobles et généreuses. Ne te laisse pas arrêter par les choses qui paraîtront te convaincre que ton sacrifice est vain, inutile. Soutiens ta maman par ta conduite honnête. Ne lui crée pas de soucis inutiles. Aide-la de toutes tes forces, car la vie pour elle fut semée de souffrances amères et tragiques. Si dans la vie tu ne connais pas la richesse, console-toi en pensant que là ne se trouvent pas les sources du vrai bonheur. Choisi un honnête travailleur pour mari. Choisis-le généreux, aimant travailler, capable de t'aimer. Ma fille, en pensée, je t'embrasse. On ne nous a pas accordé l'autorisation de nous voir. Peut-être cela vaut-il mieux ? Adieu Hélène, ton papa est mort en criant : « Vive la France ».

Fait à la prison de la Santé, le 17 avril 1942, date de mon exécution. Marcel Bertone.

Ne baisse pas la tête parce que ton papa est fusillé. »

18 h : les premiers chars américains devant la préfecture

J'aimerais moi aussi ne garder que les fleurs jetées sur les chars et les baisers fougueux offerts aux combattants par les belles qui se peignaient les jambes au brou de noix,

Ne garder que les pas d'une valse musette mais… te souviens-tu des paroles de René Brot ordonnant à ceux qui le pleuraient de chanter… « Ce qu'il veut, Ce qu'il fait, Ici, Chacun sait quand il passe. Ami, si tu tombes, un ami sort de l'ombre à ta place… »

Nos regards accrochent par hasard une plaque de marbre au coin d'une rue.

Ami regarde à l'entrée de l'hôpital de la Croix-Rousse, trois noms…plus un.

Georges Lyvet, Noël Jumeau, René Israël et un inconnu… je pense à cet inconnu, à ceux qui l'ont aimé.

Et puis à Georges Lyvet.

Il est né le 24 août 1906 à Curciat dans l'Ain. En 1938 il est secrétaire de la Fédération Sport et Gym du Travail (FSGT). Sous le nom de Jean Rolland il organise le Maquis de la Haute Savoie. En août 43 il prend la direction de la Première Subdivision FTP de la Région Rhône Alpes. Son action s'étend à toutes les régions qui se trouvent entre les rives gauches de la Saône et du Rhône, ainsi qu'aux frontières Suisses et Italiennes. Le 15 mai 44 il se rend dans l'immeuble situé 1 Grande Rue Saint Clair pour une réunion des responsables interrégionaux. Il est arrêté par les Allemands. Torturé il est conduit à l'hôpital de la Croix-Rousse. Immobilisé sur son lit, il peut aider quatre camarades de chambre à s'évader. En représailles, il est abattu dans sa chambre. René Israël aussi, Noël Jumeau également et puis un résistant… demeuré anonyme.

Aimé Boussange préparateur en pharmacie rue Dumenge fusillé en novembre 43, Alexandre Aimard et Auguste Ollivier morts en déportation en 1944

Ami, lève les yeux rue de Nuits Saint Georges, tu y liras que dans un appartement canut le groupe Francis Gervais avait entreposé des armes…

Ami regarde à l'entrée de ce passage : Perret le président du patronage laïque est mort à Dachau

Ami souviens-toi de Jean Bertrand mort le 3 juin 1945 à Mauthausen. Membre des Mouvements Unis de la Résistance il est arrêté le 17 février 1944 au 20 de la rue Calas. Déporté il meurt au camp de Mauthausen

Amis regarde au 10 de la rue Perrod. Raymond Louis, membre du PC devenu clandestin, est replié à Lyon. Il entre le 15 mai dans le groupe-franc du mouvement Libération, qui est basé dans le quartier de la Croix-Rousse. Chargé par la suite, de l'organisation d'un Maquis dans le département de la Drôme, Raymond Louis est placé à la tête d'une section FTP. Dénoncé comme étant en possession d'armes il est assassiné à son domicile et son épouse est déportée à Ravensbrück.

Ami pressé qui traverse la place de la Croix-Rousse, arrête-toi un instant à l'angle de la place et du boulevard, côté Ouest… Lève la tête. Là, a été abattu le 11 mars 44 Marek Majerezak alias Vincent, juif polonais membre des MOI (Main d'œuvre Immigrée) puis du bataillon Carmagnole.

Ami, regarde au 18 de la rue Pailleron. Ici habitait Louis Seurre, membre du mouvement l'Insurgé, responsable du quartier Croix-Rousse et Caluire, fusillé le 27 août 44 à Mionnay. L'insurgé… un mouvement mais aussi un journal qui paraît en mars 42. Il a pour devise celle de nos Canuts de 1831 et 1834 : « Vivre en travaillant ou mourir en combattant. »

Ami qui traverse la rue Kubler souviens-toi de ce commissaire de police, membre du réseau Gallia. Il échappe à Saint-Jean une première fois aux miliciens. Il est arrêté par la gestapo à Paris. Il meurt dans le camp d'Ellrich, le 15 février 45.

20 h 30 : l'armée allemande commence de faire sauter les ponts sur la Saône (seuls sont épargnés la passerelle St Vincent, le pont de l'Homme de la Roche et le viaduc du chemin de fer sur la Saône à Perrache

Décidément la musique s'impose. Vas-y… une mesure… une mesure seulement.

Merci

Je pense à toi René Brot… Je souris… par association d'idées… Les explosions, le bruit et toi devenu sourd après une action combattante. Je me souviens. Tu m'as parlé d'Henri Chevalier un jour où nous nous rendions au Capo à Caluire. « Je suis très fier d'avoir contribué à ce qu'une rue porte son nom. » Henri Chevalier. Né à la Croix-Rousse le 24 décembre 1905. Il est à la déclaration de guerre imprimeur à Lyon au 60 du cours de la Liberté. En 40 de sa propre initiative, il imprime des slogans très courts sur des bandes de papier qu'il colle lui-même à l'intérieur des tramways, dans les allées d'immeubles, sur les mains-courantes des ponts et passerelles lyonnaises. Des presses de son atelier sort « Franc-Tireur » le 1 décembre 1941. Arrêté par la police de Vichy le 20 septembre 42 il est interné jusqu'au 24 octobre puis remis en liberté. Franc-maçon, il entre au mouvement « Coq enchaîné ». Le 4 décembre 1943 la gestapo perquisitionne son atelier et trouve seulement une enveloppe contenant 6 fausses cartes d'identité avec photos et tampons sans libellé. Il est incarcéré à Montluc. Dirigé le 23 mars 44 dans le camp de Compiègne, Henri Chevalier arrive début avril à Mauthausen puis affecté au kommando de Melk, il est employé à creuser une usine souterraine. Il revient de déportation et meurt le 2 janvier 1957 à Lyon. »

Dans la nuit du 2 au 3 septembre : l'armée allemande évacue la presqu'île.

Petite valse, gone, joue…. Joue pour ceux qui sont revenus…

Comme Yseult Saulnier membre du réseau Gallia. Arrêtée sur dénonciation le 20 décembre 43. Le 3 mars 44 elle met au monde à l'hôpital de la Croix-Rousse réquisitionné par les Allemands, une petite fille. Elle est séparée de son enfant. Elle est déportée à Ravensbrück… elle revient !

Comme est revenue Marie-Thérèse Souzy. Elle habite au 33 de la rue du Mail. Membre du réseau Charrette, elle est boîte aux lettres du réseau et assure le secrétariat de Michel Cailliau, le neveu du général de Gaulle. Arrêtée chez elle, elle est déportée à Ravensbrück. Elle reviendra.

Pour Jeanne, elle, c'est un miracle. Le 11 juillet 44, Jeanne Tavernier membre des MUR et des FUJ revient d'une mission à Valence et se rend au 24 de la rue Jacquard où est installé le service des faux papiers des MUR. Elle tombe dans la souricière tendue par la gestapo. Blessée, elle est interrogée par la police allemande place Bellecour. Emprisonnée à Montluc sans soin, elle est appelée (sans bagage) le 20 08 44 pour faire partie du groupe de détenus, parmi lesquels le Croix-Roussien André Bonin, qui est massacré quelques heures plus tard au lieu-dit « Fort la Côte Lorette » sur le territoire de Saint-Genis Laval. Repoussée sans explication dans sa cellule Jeanne Tavernier y demeura jusqu'à la libération de la prison...

Le 3 septembre à 6 h : les maquis FFI et FTP de l'Ouest entrent en ville par la rive droite de la Saône et par le pont de l'Homme de la Roche.

Tu joueras plus tard quand les fenottes et les gones viendront danser... plus tard... Ils en auront le droit. Souviens-toi le régime de Vichy avait supprimé les bals populaires. Parce que... bals... et populaires... Mais il nous faut encore parler de ces adresses, de ses appartements de la Croix-Rousse, de ces boîtes aux lettres de l'Histoire de la Résistance.

Le 24 : rue Jacquard où le Service du Mouvements Unis de la Résistance fabrique des cartes d'identité

Le 15 : rue Roussy qui fut un temps le domicile d'Emmanuel Mounier de l'été 41 à novembre 42. Fondateur de la revue Esprit. Il s'engagea au côté d' Henri Frénay et de François de Menthon de Combat et crée, avec André Philip de Libération, des groupes de travail chargés d'étudier un programme de réformes pour l'après libération . C'est rue Roussy qu'est venu le voir en septembre 41 Auguste Vistel (Alban chef civil et militaire de la Résistance en Rhône – Alpes dans l'été 44)

14, montée Bonnafous une boîte aux lettres de Combat

7 rue Bodin : L'hôpital militaire Villemanzy est occupé par la Wehrmacht. La rue Bodin a la particularité d'avoir une traboule accessible par trois entrées. L'une au 7, les deux autres l'une au-dessus de l'autre dans le grand escalier de la rue Grognard au rez-de-chaussée du n°7 et au premier étage sur la terrasse. Il y a une cache d'armes dans la cave.

16 rue Sainte Clotilde. L'appartement clandestin de Raymond Aubrac qu'il occupa sous le nom de François Vallet. Le 16 mars 43 le commissaire Lavabre dresse un procès-verbal de perquisition au domicile de F. Vallet qui se fait passer pour une personne faisant un peu de marché noir.

87 boulevard de la Croix-Rousse. Le domicile de Simone Bernoud du réseau Marco Polo, est également une boîte aux lettres.

7 h 30 : Auguste Pinton et quelques membres du Conseil municipal occupent l'Hôtel de Ville

Plus d'Allemands dans la presqu'île. Quel sentiment aurait pu avoir Jean Moulin si le 21 juin 1943… Place Croix-Pâquet 13 h 45. André Lassagne, Aubry et un « invité » de dernière minute René Hardy. Avant de prendre la Ficelle ce dernier s'absente quelques instants pour « voir un agent de liaison au petit café de l'angle de la rue des Feuillants. » Ils montent ensuite tous les trois dans le funiculaire. André Lassagne est à vélo, vraisemblablement il est derrière, sur le truck. Ils arrivent sur le boulevard de la Croix-Rousse. Aubry et Hardy prennent le tram 33. Lassagne les suit à vélo puis les précède pour leur indiquer l'arrêt de Caluire.

Un peu plus tard c'est au tour de Jean Moulin, Max, et Aubrac de prendre la Ficelle. En haut ils attendent une demi-heure le colonel Schwarzfeld, puis prennent tous les trois le tram 33. C'est le dernier voyage d'hommes libres de Jean Moulin et d'Emile Schwarzfeld.

8 h 30 : les premiers éléments de la 1ère DFL avec le général Brosset et les premiers FFI de l'Ouest, cdt Basset, arrivent à l'Hôtel de Ville

Accordéoniste, tes doigts te démangent. Je sais. Tout serait plus simple de souligner d'une plume musicale le lever du jour.

Mais j'ai encore quelques ombres furtives qui se glissent rue du Chariot d'Or. J'ai leurs noms tracés par la main de René. Henri Drevon, militant de la JOC, crée avec son frère Edouard un groupe de Force Unie de la Jeunesse. Natton habite au 20 de la rue, Amédée Nicolet, alias Dédé est au 27…

Les ombres des héros, de ceux à qui je dois la Liberté… qu'ils me pardonnent si je ne peux taire d'autres ombres, traînée devant des tribunaux qui se disaient populaires au risque de salir ce mot si beau. La haine s'est invitée à la Libération. Ambiance étrange où la peur, ses propres peurs, ses hésitations devant les choix qu'il convenait, ses lâchetés, se désir d'effacer ses faiblesses nous ont fait raser des crânes, maculer des corps de femmes, entacher ces jours glorieux par un gâchis qu'on taira longtemps.

10 h : à la préfecture brève cérémonie de prise de pouvoir par le commissaire Yves Farge.

Des jours et des mois, des années marqués par la peur, par des actes héroïques, des gestes simples, des trahisons, du sang, des larmes, des disparitions et des morts. Marie-louise se souvient du 6 août 44 à 11 h du matin. Une bombe tombe sur le 73 de la rue de Cuire. Oui… mais aussi… des naissances et des rires, des premiers pas dans un jardin de la rue Henry Gorjus, des brouilles et des soirées entre copains, le travail, la débouille, le quotidien…

Fin de matinée : fusillade confuse place des Terreaux et à 12 h 30 le dôme de l'Hôtel-dieu est en feu.

L'après-midi : Yves Farge installe le Conseil municipal provisoire ; Justin Godart est élu maire provisoire.

Un monde meilleur, un monde plus juste, un monde de paix…

Je vois ces ombres que nous avons évoquées. Que diraient-elles aujourd'hui ?

Et puis, d'autres encore qui se sont battues ailleurs que dans la région et qui aujourd'hui partagent notre vie Croix-Roussienne. Ils sont deux à qui je pense. Une femme, un homme. Comme un symbole. Un vrai symbole de la Résistance. Unis dans le combat de la Libération même si plus tard ils ne sont pas dans le même bateau… Simone Charret et Nathan Tchapochnick.

Le 3 septembre 1944 Lyon est libéré.

On ne connaît pas tout de cette guerre ce jour-là. On est loin d'imaginer…

Allez, gone, chassons nos questions l'espace d'une soirée. Ils seraient d'accord ceux qui ont donné leur vie pour l'Homme. Allez joue ! Allons dansons comme les Croix-Roussiens l'ont fait ces jours-là. En leur honneur… comme il y a 60 ans.

Robert Luc

Dans la même collection :

- Lagnieu par Christine Navarro
- Saint-Just-Saint-Rambert par Véronique Guillaume
- Clins d'œil en pays Beaujolais par Guénaëlle Le Ny
- Le Vieux-Lyon par Cécile Mathias
- Les Rues de Nancy par Jean-Marie Cuny
- Vaulx-en-Velin par Cécile Mathias
- Barjac par Michel Lacombe
- Le Berry par Jean-Louis Boncœur
- Le Périgord par Annie-Paule et Christian Félix
- Brignais par Cécile Mathias
- La Femme par Annie-Paule et Christian Félix

Par Robert Luc :

- Lyon les années 50
- La Semaine du Gone
- La Semaine de la Fenotte

Achevé d'imprimer en Novembre 2008 par Présence Graphique à Monts en France
Dépôt-légal : novembre 2008 - N° d'impression : 110829977